私募投资之道

雪球 ◎ 著

Wet Snow Long Hill

The Way of Private Equity Investment

中国经济出版社
CHINA ECONOMIC PUBLISHING HOUSE

北京

图书在版编目（CIP）数据

厚雪长坡：私募投资之道/雪球著.－－北京：中国经济出版社，2023.3
ISBN 978-7-5136-7246-7

Ⅰ.①厚… Ⅱ.①雪… Ⅲ.①基金-投资-基本知识 Ⅳ.①F830.59

中国国家版本馆 CIP 数据核字（2023）第 039278 号

策划编辑	燕丽丽
责任编辑	赵嘉敏
责任印制	马小宾
封面设计	久品轩

出版发行	中国经济出版社
印 刷 者	北京富泰印刷有限责任公司
经 销 者	各地新华书店
开 本	880mm×1230mm 1/32
印 张	8
字 数	170千字
版 次	2023年3月第1版
印 次	2023年3月第1次
定 价	88.00元

广告经营许可证 京西工商广字第8179号

中国经济出版社 网址 www.economyph.com 社址 北京市东城区安定门外大街58号 邮编 100011
本版图书如存在印装质量问题，请与本社销售中心联系调换（联系电话：010-57512564）

版权所有 盗版必究（举报电话：010-57512600）
国家版权局反盗版举报中心（举报电话：12390） 服务热线：010-57512564

序　言
在私募的厚雪长坡上，开启滚雪球之旅

私募是什么？

它是100万元起投的高端理财产品。不同于1元起投的公募，私募专为高净值人群定制；也不同于投向不明的股权和信托等非标金融产品，私募是投向股票、债券、期货、期权等二级市场的标准金融产品。

它是实现财富增长的合伙生意。投资人提供的原材料是投资资金，管理人提供的生产要素是投资能力，有合理投资需求的投资人适配对应投资能力的管理人，就开启了一个私募合伙生意。

它是激励钱生钱的委托代理关系。投资人将钱委托给管理人，管理人打理投资人的钱，管理人的努力动机是让投资人的钱生钱，因为私募最核心的激励是实现钱生钱后的超额业绩报酬。

它也是充满传奇色彩的金融江湖。股市摸爬滚打出来的民间高手、名校毕业科班出身的公募大佬、华尔街千锤百炼的海归精英等，身怀绝技，各显神通，用十八般投资武艺书写着私募江湖的生存法则。

…………

这就是私募。它脱胎于早年股市的代客理财，阳光化于2004年赵丹阳借信托计划发行的赤子之心私募，那一年也被誉为中国阳光私募元年。2014年，《私募投资基金管理人登记和基金备案办法（试行）》的正式实施让私募作为独立金融机构得到监管部门的认可。2017年，《私募投资基金管理暂行条例（征求意见稿）》的出台，则推动私募进一步规范发展……

从2004年到2022年的短短19年，中国私募基金的管理规模波澜壮阔地实现了从0到6万亿元的飞跃式发展。私募正成为分享中国经济成果、实现财富增长的重要载体，受到越来越多高净值人群的喜爱。

然而，或许是因为私募只能针对特定对象进行非公开宣传的行业约束属性，又或许是因为私募的赚钱光环本身就容易产生和碰撞出话题，不明就里的围观群众往往热衷于消费私募圈的是非，即使是真正购买私募的高净值人群，对私募的理解也往往是冰山一角。

寻找适合自己的私募

有人说私募鱼龙混杂、良莠不齐，这可能是曾经的历史，是任何行业快速发展的必经阶段。但从代客理财到阳光化再到合规化，中国私募行业早已摆脱蛮荒，步入规范发展阶段，投资私募的资金安全得到了足够的监管保障。面对登记备案的9000多家私募管理人，投资者需要解决的现实问题是如何挑选私募管理人。有的私募业绩好到惊艳，有的私募业绩差到吓人，业绩的极端分化可能导致私募时常被妖魔化。但毋庸置疑，赚钱能力强的基金经理确实更多的是在私募领域，而优秀的私募也并非无迹可寻。

有人说私募不应该收取超额业绩报酬，这可能是没有领略私募魅力的人对私募收费模式一厢情愿的执念。超额业绩报酬的激励制度是私募的行业基石。钱生钱最稀缺的生产要素是投资能力，正因为有超额业绩报酬的激励，才能吸引整个金融市场最有投资能力的精英管理人涌入私募。一个有趣的现象是，挑到好私募的客户对收费几乎没有埋怨，只有挑到差私募的客户才疯狂"吐槽"收费机制。其实私募业绩不好本身就得不到业绩报酬，在这套机制下，好私募值得付费，而差私募没有资格获得业绩报酬，所以最终问题又回到如何选出好私募了。

有人说私募只不过是管理人拿着投资人的钱去炒股而已，这可能是由国内私募早期以股票投资为主带来的认知。实际上，经过这些年的不断发展，私募已经进化出更丰富的投资技能，除了传统的股票多头策略，还有依靠算法机器的量化策略、投资商品期货的CTA策略（商品交易顾问策略）、低波稳健的套利和中性策略、穿越牛熊的全天候大类资产配置策略等。只是由于非公开宣传的约束属性，这些赚钱的私募武器库往往更加低调。

投资者的心愿是找到顺从自己心意的私募，这其实是对自己、对私募投资、对私募管理人足够了解后自然而然的结果。而具体要如何了解，又该如何实践，目前市面上并没有针对性的书籍或内容。

因此，我们耗时良久创作了这本专门面向私募投资者的书籍，希望书中的内容既能帮助投资者建立相对正确的理解私募的体系，也能帮助投资者顺从自己的投资逻辑去选择适合的私募，形成自己的私募投资之道。

整本书共分为7章。

第1章，理解买私募买的是什么，看透投资私募的底层理念，并建立分析私募的初步框架。

第2章到第6章，系统性理解五大策略品类的投资逻辑，我们提倡看好什么就买什么，投资信仰很重要——

如果看好炒股牛人，相信他们的股市经验和投资天赋，那么选择股票多头策略；

如果看好机器决策，相信数理天才能够通过量化实现超额收益，那么选择量化策略；

如果看好大宗商品，认为管理期货策略更能为投资人赚钱，那么选择CTA策略；

如果看重低波稳健，不能够承受太大的风险和波动，那么选择中性和套利策略；

如果看重资产配置，认为单一资产波动太大，无法穿越牛熊，那么选择全天候策略。

第7章，告诉投资者私募到底应该怎么买，如何进行私募投资实践。

最后还要感谢这本书的策划、创作和撰写团队，他们是沈露、王荣寅、郭成蹊、柳欣卓。历经半年多的打磨雕琢，只为更好地呈现此

PREFACE 序 言

书。这本书的问世,离不开他们呕心沥血的付出。

希望这本饱含热情与心血的私募小册子,能够使您的私募投资之旅更加顺畅、愉悦。

让我们在私募的厚雪长坡上,一起开启滚雪球之旅!

目 录 Contents

第1章 买私募，买的是什么 ... 1
买私募，到底在买什么 ... 2
选私募，记住这十二字真经 ... 11

第2章 看好炒股牛人，选股多策略 ... 17
股多策略的五大视角 ... 18
主观私募20年：中国投资高手的进化 ... 30
中欧瑞博吴伟志：诞于熊市多敬畏，坚守成长少迟疑 ... 41
望正王鹏辉：做投资需要一股向上的劲儿 ... 51
庄贤投资王安：万物皆周期，价值皆可循 ... 61
大椿支东兴：寻找剧烈变化中的重大机会 ... 69

第3章 看好机器决策，选量化策略 ... 79
量化投资：顶尖数理天才们的智力博弈 ... 80
华尔街归来：量化精英本土实践的黄金十年 ... 94
思勰吴家麒：用最优秀的人去做最优秀的事情 ... 109

CONTENTS 目录

第 4 章　看好大宗商品，选 CTA 策略　　121

CTA 策略——与股票低相关的资产收益新选择　　122
在混战中成长的 CTA 玩家们　　132
均成司维：量化就像逆水行舟，共同成就才能行稳致远　　147

第 5 章　看中低波稳健，选中性套利　　155

大盘波动剧烈坐不稳？系上中性策略的安全带　　156
市场定价错误带来的捡漏机会：套利赚钱之道　　167
寻求收益与风控的平衡：仲阳天王星的攻守之道　　183

第 6 章　不择基不择时，就选全天候　　195

资产配置：投资里唯一的免费午餐　　196
全天候策略：穿越牛熊，无惧市场波动　　207
艾方叶展：情绪短线、价值成长，做到极致就是量化　　217

第 7 章　私募到底应该怎么买　　227

买私募的心理预期　　228
定制你的私募投资方案　　235

CHAPTER 1

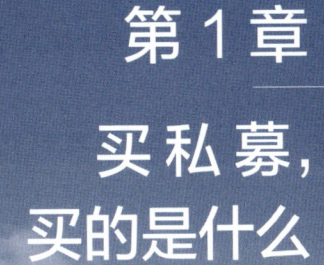

第1章

买私募，买的是什么

买私募，到底在买什么

作为一个投资品种，私募基金虽然有100万元的投资门槛和严格的合格投资者准入要求，却依然得到了越来越多的投资人的关注和青睐。这不免会让人好奇：私募到底有什么魔力呢？尤其是和更为大众熟知的公募基金相比，它到底有什么优势？我们买私募，到底在买什么？

买的是更丰富的策略选择、更灵活的交易规则

我们把时间拨回到2015年。2015年5月28日，"中国基金业协会"的微信官方账号，针对私募基金和公募基金的区别，专门做了一期科普栏目。其中写道："私募基金在运作上具有较大的灵活性，所受的限制和约束较少，投资品种也会更加丰富。"

这个时点，距离私募基金加入正规军仅过去3年多，距离"公募一哥"王亚伟奔私只有3年，徐翔也仍在江湖。在这个私募基金尚带有"蛮荒气息"的时点，来自官方的定性，其实很能代表这类资产最本质的特征。"可投品种和策略选择丰富""交易规则灵活"成为私募基金与生俱来的"基因优势"。

从制度层面来看，与公募基金相比，私募基金有两点非常实际的优势。

第一，私募产品可以使用各种金融工具，有更丰富的交易品种，如融券、期货、场外期权、收益互换等。这些工具可以帮助基金经理更好地实现投资意图，为投资人创造收益。但是绝大多数公募产品并不能如此。

第二，私募基金在投资策略上更加丰富，可以为高净值人群进行资产配置，提供更加多样的策略选择。近年来崛起的指增策略、CTA策略、中性策略、套利策略以及全天候策略等资产配置的利器，几乎都是由私募机构扛起了大旗。无论是从国外一线对冲基金回来工作的"大牛"，还是国内有进取心的本土派，都选择创立或者加入私募机构来践行这几类策略。

对比之下，公募在这几年几乎没有推出有竞争力的指增产品，指增超额时常做得不尽如人意，负超额的现象也时有发生；CTA产品则更是寥寥无几；中性策略和套利策略也受交易规则、交易工具等方面的限制，没能实现策略的初衷；更不要说资产配置实践最成功的全天候策略了——公募全市场唯一的全天候，也仅是股债平衡型产品，离全天候本身的要义差之千里。而私募领域的管理人，如艾方等，已经以纯正的全天候策略实践多年。如果要进行多策略配置，降低整个资产的波动性，那么私募基金将是投资者绕不开的资产选择！

抛开"更多策略选择"这个优点，即便是在主观多头策略上，私募的规则优势也极其明显。

其一，私募基金没有仓位限制。如果不看好后市，私募基金可以减仓，甚至空仓。但公募不可以，公募有所谓的"最低仓位限制"：

在建仓期过后，股票型基金中股票的最低仓位要求是不低于80%，而偏股混合型基金则不能低于60%。这就意味着，基金经理即使不看好后市行情，也不能大幅度减仓，只能被动承受这期间的回撤。

其二，私募持仓理论上没有单票限制。看好一个标的，就可以上仓位，而不是非得限定只能买10%，但是公募最多只能买10%，且涨幅超过10%还要把多余部分卖出！从逻辑上来说，即便你买了一只好股票，这种制度对收益也会有极大的限制。

其三，私募基金可以做日内交易。但公募产品不可以做日内反向，即便你有底仓，盘中想抄底，然后卖出原有底仓，也是不可以的！而你逢高卖出一只股票，假如日内回落，也无法再次买入。

虽然我们谈到的这些制度差异，并不是私募追求业绩的充分条件，但在很大程度上，是必要条件——所谓"海阔凭鱼跃，天高任鸟飞"就是这个意思。

买的是基金经理的创业精神和进取心

为什么私募的基金经理更富有创业精神和进取心呢？

一是向上的激励机制本身带来的。当下中国公募基金行业对基金经理的激励，实际上是不足的。按照业内流行的说法，百亿元规模的公募基金经理，加上年终奖一年的薪酬往多了说是1000万~2000万元。这个数字，无论是基于百亿基金经理的"稀缺性"进行相对估值，还是基于"管理人为基民赚的钱"进行绝对估值，大概率是被低估的。而对于私募基金经理，那就是完全不一样的剧本了。因为私募有业绩提成，我们按照股市大年35%的基金收益率来看，在20%的业绩基准下，即便管理规模只达到50亿元，单看这部分业绩提成，就高达1.5亿元。这两种机制的激励水平，完全不在一条线上。

二是私募基金经理本身的生存压力倒逼出来的。在基金行业，渠道非常重要；而对基金而言，最主要的渠道就是银行和券商。偏偏这两大最主要的渠道对私募基金的准入都极为苛刻，所以私募基金管理人的存活率其实是很低的。从现有数据来看，行业中80%以上的机构，由于起步阶段渠道能力偏弱，无法依靠其管理资金的管理费存活。在这种情况下，对于它们而言就只有两条路可走：要么倒闭，要么"倒逼"自己做出业绩来。

这一"上"一"下"，两重境地，理性人应该做出怎样的选择，其实是很显而易见的——加足马力，做出超额收益！

买的是基金经理稀缺的投资禀赋和过硬的投资实力

投资是需要天赋的！综观整个投资圈，优秀的投资人才，要么有扎实的研究和资产定价能力，要么有很强的市场感知和交易能力。无论哪一种，都需要做到顶级才行，否则赚钱是很难的。

而在私募基金行业，恰恰遍布才华横溢的投资人才，很多管理人展现了稀缺的投资禀赋和高超的投资实力！

这种有着非凡禀赋和实力的投资人才，一部分来自公募。2018年，《中国基金报》在中国基金业20年之际，评选出"中国基金业20年最佳基金经理"榜单，主要鼓励和表彰对中国基金业发展做出突出贡献和取得卓越成绩的基金经理。

这些顶尖的基金经理，如今身在何处呢？

答案是：一半左右的人都奔私了！尤其考虑到睿远和鹏扬等个人系公募很多是专户产品（其本质是私募）。在这奔私的大军中，包括前"公募一哥"王亚伟，前南方基金的投资总监、奔私后创办高毅并带领高毅成功突破2000亿元管理规模的邱国鹭，还包括近年来的当红顶流董承非，不一而足。

表1-1 那些奔私的顶尖基金经理

基金经理	原东家	现东家
朱少醒	富国基金	富国基金
曹名长	中欧基金	中欧基金
傅鹏博	兴全基金	睿远基金
史博	南方基金	南方基金
周蔚文	中欧基金	中欧基金
杜海涛	工银瑞信	工银瑞信
冀洪涛	鹏华基金	红塔红土基金
邵健	嘉实基金	嘉实基金
饶刚	东证资管	睿远基金
杨爱斌	鹏扬基金	鹏扬基金
陈光明	东证资管	睿远基金
邱国鹭	南方基金	高毅资产
邓晓峰	博时基金	高毅资产
赵军	嘉实基金	淡水泉
王亚伟	华夏基金	千合资本
王鹏辉	景顺长城基金	望正资产
江作良	易方达基金	惠正投资
胡建平	华夏基金	拾贝投资
董良泓	博时基金	誉辉资本
董承非	兴全基金	睿郡资产

资料来源：根据公开信息整理。

值得一提的是，除公募界的人才外，私募行业还会集了众多民间投资高手。且不说冯柳等成名人物，只看正崛起的青年一派：正圆廖茂林、磐耀辜若飞、三希张亮，也是令人欣喜于私募界之滚滚后浪。这些民间牛人，硬生生地靠自己的禀赋，从残酷的市场中"杀"出来，真是应了那句"千锤百炼，玉汝于成"。

其实，不仅很多国内公募派、民间派的顶流人才来到了私募，更不乏具有国际顶尖量化基金（文艺复兴、桥水、Two Sigma等）工作履历的人才，回国后的归宿也是私募基金，如九坤、明汯等机构的创始人。为什么他们不去公募呢？核心原因有两点：其一，在公募的交易规则下，他们想要用所学所长搭建理想的策略是很难的；其二，从激励制度本身出发也容易理解，当下中国公募基金激励制度所能提供的薪酬，几乎很难匹配这类人才的实际价值——这一点，和本节第二部分提及的"私募基金经理更有进取精神"的逻辑是一致的。

为什么私募基金能够吸引具备顶级投资天赋的人才呢？背后的原因在本节第二部分已经阐述过了：不牛的人，在这个残酷的行业根本待不下去。换句话说，活下来的，都有几把刷子。这是"私募行业多牛人"的很扎实的理论基础。

有了上文提及的"丰富的武器库""良好的制度激励""优秀的禀赋"，私募基金收益的"天花板"自然而然就被打开了！

买的是更高的收益"天花板"

基金产品，终究是要靠业绩说话的。私募基金真实的业绩情况怎么样？从我们调查的数据来看，基本能得出以下两个核心结论。

（1）私募和公募的平均收益率，从长区间来看，是差不多的。

（2）头部私募基金的收益率远远超过头部公募基金的收益率。虽然赵诣的农银汇理工业4.0近三四年的业绩在公募已经很"逆天"了，但与同期的仙人掌姚跃、正圆廖茂林相比，还是差太多。

总体来看，私募基金的收益率呈现出极值优秀、分布离散的状况。对于想要实现较高收益的投资人来说，私募基金是一个很不错的选择。

或许有人说："虽然头部私募更牛，但是不一定能选得到啊！"其实，投资者无论挑选什么样的资产，都需要有认知、投资框架和一点点的运气，都不容易。而私募，至少提供了一种实现更高收益的可能性！

帮助我们"管住手"，减少"追涨杀跌"

"频繁交易"和"追涨杀跌"，可谓是基金投资中的大忌！公募大神朱少醒2020年底在年会上演讲时说："富国天惠15年涨了20倍，但数据分析结论有点令人吃惊，相当一部分客户没怎么挣钱，甚至有部分客户是亏损的。基金持有人在投资过程中一些不好的习惯，尤其是追涨杀跌，追涨也就算了，因为净值持续创新高，追涨最后还是能挣钱的，最容易造成亏损的就是杀跌。在市场波动比较大的时候，认亏出局，就会造成实质性的亏损。"

而公募的两个制度规则，一是"日度净值更新"，二是多数产品没有"封闭期",则更助长了投资人"频繁交易""追涨杀跌"的习惯。他们习惯把公募基金当股票一样操作,频繁换手。

与之相对应,多数私募基金是周度更新净值,而且多数有封闭期,买入后封闭6个月到18个月不等。这两项规则,在很大程度上帮助投资人降低了交易频次,客观上让他们能拿得住基金,从而提高了赚钱概率。

以2022年最极端的4月下旬为例,如果以日度波动做投资决策,很多人容易在市场底部丧失信心,选择在底部"割肉"。但如果以周度区间作为决策依据,你就会发现,4月25日至4月29日行情最极端的这周,虽然指数周中最大下挫6%,但最终只收跌1.29%。如果从这个时间维度上做决策,就可以在很大程度上避免杀跌出局,从而享受后续的强劲反弹!

买到更好的投资陪伴

这乍一听可能有点反常识:不是都说私募的信息不透明吗?

但现实情况是,一旦你成为私募份额的持有人,多数正规私募的投资陪伴是很不错的。

从频率上看,私募不仅会像公募一样发布季报、半年报、年报,向投资人传达观点,甚至部分私募管理人是会发布周报和月报的!私募还会不定期(如市场急涨急跌时)举行投资人交流会,让投资人和基金经理能够进行更加充分的沟通。而从质量上看,私募在沟通时往往更加坦诚、直接、务实。总体而言,相较于公募一个季度出篇季报、给两段话的"运作分析",甚至明星基金经理几乎从不召开投资人线上交流会的做法,相当数量的私募管理人的投资陪伴,都有其可圈可点之处。

比如,百亿私募希瓦、进化论等都会以季度或半年度为单位召开策略会和投资者交流会,分享最新的观点和看法,解答每一个投资者的问题,也经常在雪球与投资者沟通交流;专注医药投资的青侨阳光,除了路演交流外,还会用月报的形式输出自己最新的思考,每一份月报都有近万字,这对投资者跟踪基金经理的业绩和理念,是非常有帮助的。

最后,用一个很有意思的现象作为结尾:世界上,具有非常强公募平台性质的贝莱德、先锋、富达等,你很难说出它们当中有哪些顶流的基金经理,因为它们为了追求规模的扩张,已经把平台属性和标准化属性拉满了。而我们挂在嘴边的顶流们:桥水达利欧、橡树资本马克斯、文艺复兴西蒙斯等,本质都在凭本事(超额)赚钱。

选私募，记住这十二字真经

在如何挑选私募基金这个问题上，我们提炼了一套体系化、可复制并且切实有效的评估框架。未来在选择每只产品前，大家都可以按照这套体系去评估，进而选出最适合自己的私募基金。这套评估框架可以概括为十二字：长期净值、业绩归因、人格认知。

长期净值

所谓长期净值，就是通过观察管理人长期的业绩表现，为我们的决策提供参考。之所以要考察长期净值，是因为长区间的业绩表现可以在更大程度上排除偶然性，使产品本身的特性呈现得更加稳定、客观。

长期有多长

理论上，"长期"自然是越长越好。

深耕交易领域多年并取得不菲成就的前辈告诉我们：在这个行业，只有你最后销户时，盈利才是真实的。只要你还在交易，所有财富就只能算浮盈。私募基金其实也是如此，只有在最后清盘、把钱返还投资者的时候，投资者才能最终确定这个管理人是否具有高超的投资能力。

巴菲特用60年的时间证明了自己的投资能力。基于这样的时间长度，人们才认为他的投资能力大概率具备可复制性。

但我们选择私募的时候，没有办法把"销户"或者"60年"作为衡量"长期"的标准。我们投资私募基金更希望选出四五十年前的巴菲特，而我们如果要等到一只基金有60年可追溯业绩才能投资的话，那只能等到自己退休后开始第一笔投资，并且祈祷我们心仪的基金经理耄耋之年还活跃在投资一线。

为什么要看长期净值呢？因为短期业绩往往带有运气或其他偶然因素的成分。比如，2019—2021年这三年行情比较好的时候，每一年可能都有某个基金经理一年赚3倍甚至10倍收益的传说。但是当行情下跌、潮水退去，我们却发现大多数人在"裸泳"，业绩的背后是行情和时代的红利，那些没有真本事的人终究只是昙花一现。

经历一轮牛熊洗礼方可见真章

我们看长期净值，有最低的时间长度要求吗？

结合A股过去几年的高波动率，至少经历过一轮牛熊，才可以作为评估基金的参考，即一轮牛熊是时间尺度上的基本要求。经历牛熊的基金，其年化收益率要比只经历过牛市的基金年化收益率更可靠。同样，在熊市中产生的最大回撤，比震荡行情带来的最大回撤更具有参考价值。就像谈恋爱，热恋的时候眼里都是对方的优点，但能否走向婚姻，还要看能否容忍对方的缺点。

那么，什么是"一轮牛熊"呢？这里需要先理解牛市和熊市的概念。牛市，一般指股市连续性、普遍性的上涨行情；相应地，熊市就是连续性、普遍性的下跌行情。比如，一个管理人经历过2018年的大跌和2019—2021年比较好的行情，就可以说是经历了一轮牛熊。中国股市一直都有"牛短熊长"的特征。

业绩归因

所谓业绩归因，就是要识别出一家管理人的业绩究竟是怎么来的，它赚的究竟是什么钱！

为何业绩归因很重要

业绩归因的价值在于以下两点。

第一，对管理人后续表现的预期会更合理。

同样是股票型基金，有的基金经理专注某几个领域，有的基金经理覆盖全行业；有的择时，有的满仓；有的是高换手交易型，有的是低换手长期持有型。这些不同风格、不同策略操作的结果很可能会造成净值曲线有很大的区别。如果我们经过归因，知道管理人表现好与不好的原因在哪里，就能忽略运气成分，对这只产品的投资时机和后续表现有较为理性的预期。

第二，对管理人是否知行合一的理解会更深刻。

我们对经过深刻分析后选择的每一只产品都建立了合理的预期，肯定不希望实际结果与预期相背离。如果管理人策略转变后业绩表现更好，那是意外之喜，但是脱离自己擅长的领域，更多时候只能带来令人失望的结果。我们进行业绩归因，一方面能够验证历史上管理人的投资理念是否与业绩结果相匹配；另一方面能够第一时间识别管理人是否发生策略漂移，从而为赎回决策提供参考。

而无法进行业绩归因的产品，后续一段时间也有可能表现极佳，但选择这样的产品与其说是投资,不如说是赌博。找10个黑马私募怎么也能踩中1个,但能弥补另外9个的亏损吗?几乎不可能。

这里我们需要回到长期净值的第一个问题,长期有多长?

对管理人的评估要求越高,意味着投资机会越少,投资只能追求模糊的正确。金庸《九阴真经》第一句话就说:"天之道,损有余而补不足,是故虚胜实,不足胜有余。"把业绩归因研究透彻,可以最大限度缩短这个"长期",形成一个更现实且更具有指导意义的投资方法。

业绩归因怎么做

我们看到,很多牛市的收益冠军,在熊市的表现不尽如人意。牛市的业绩可能是激进的投资理念叠加运气的结果,而熊市会放大这个特点的劣势,从而产生不尽如人意的结果。这个时候,研究管理人到底是如何在牛市中赚到钱的,就显得极其重要。尤其是在有些管理人的业绩区间很短的情况下,就更需要结合其净值进行业绩归因,研究其业绩的可持续性。

但我们无法通过追溯具体标的的交易对私募产品进行归因,因为法律层面并没有强制要求私募基金披露交易标的。那具体该怎么进行归因呢?

实际上,我们可以通过基金经理的路演、擅长的行业、擅长的市场风格(成长/价值)、操作手法(集中/分散)、仓位水平(中性仓位/杠杆仓位)等多角度去了解,再结合他的净值是否匹配每一阶段的市场行情,综合进行评估。雪球站内就有很多产品的业绩归因分析,有大量"球友"参与讨论,这对了解管理人在不同行情下的业绩归因是非常有帮助的。

拿管理人净值是否匹配市场行情这点来说，如果我们选择了一个成长风格的股多管理人，却发现当市场上成长风格股票表现较好时，管理人净值并没有出现明显上涨，且这种不一致不是偶发性的，而是历史上多个时间点都符合这个特征，那么我们大概率可以判断这个管理人缺乏选股能力，或者言行不一，他根本就不是成长风格的管理人。

人格认知

所谓人格认知，就是了解基金经理的核心特点：世界观、投资框架、能力范围乃至性格等。

人格认知会把投资这件事具象化。基金经理的性格、对世界的认知、能力圈范围等会成为投资最终的增信。即使是量化基金，越来越多的机构投资人也认为，定性的分析、对基金经理的人格认知，应该被放到更加重要的位置。

投资私募最开始也许是基于基金经理方法论的投资。比如，结合上市公司业务和现金流量表，计算一个合理估值，通过当前的股价判断未来的回报，这可能是每个分析师入门的必修课。但其最终是基于世界观的投资，基金经理对未来时代的把握、对世界发展趋势的判断、对经济形势的看法等决定了他能否跟随市场进化，这会对投资结果产生根本性的影响。

世界观相仿、性格投缘的人，更有机会长期合作下去。在长期净值和业绩归因的基础上，在冷冰冰的数据分析和逻辑推理的基础上，人格认知是投资中必不可少的一环。

CHAPTER 2

第 2 章
看好炒股牛人，选股多策略

股多策略的五大视角

股票多头策略，即通过股票价格上涨实现获利的一种投资策略。从实际情况来看，很多人买的第一只私募就是主观多头产品。它是私募基金最主流的策略，无论是"公奔私"的明星基金经理，还是民间高手创立的私募，大部分发行的是该类产品。而且从产品数量上来看，主观多头类产品在私募产品线上也占据绝对的优势。

主观多头策略通常分为哪些类型，有哪些研究视角？本节主要从两大视角出发进行阐述，即该产品对底层资产的操作手法和底层资产的分布特征。

产品对底层资产的操作手法

买入时机：左侧交易和右侧交易

从产品买入股票的时机来看，股多策略可以分为左侧交易和右侧交易（见图2-1）。

所谓"左侧交易"，是指在股票向下运动的过程中买入，也就是俗话说的"越跌越买"；而"右侧交易"，是指在股票上涨的过程中买入，也就是俗话说的"买涨不买跌"。这两套体系背后反映了多方面的不同，包括投资观、风险容忍度和资金体量等。

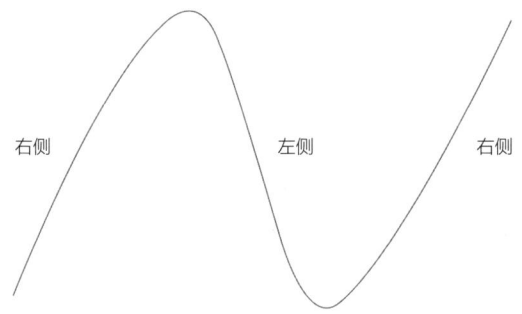

图 2-1　左侧交易和右侧交易

在投资观上,左侧交易的管理人内心对于长区间的均值回归比较笃定,认为市场长期有效,价格围绕价值波动,但最终会回归价值,同时认为市场存在暂时失效的可能。所以,当出现低估、市场短期无效、价格下跌时,左侧交易的管理人选择买入,等待价格回归;右侧交易的管理人则认为,无论是短区间还是长区间,市场其实是时刻有效的。所以,如果短期股票价格下挫,说明一定有一些我们看不到的因素在影响这种下挫,我们要避其锋芒,等待股价企稳后再行买入。

两种不一样的操作手法显示了管理人风险容忍度的不同:左侧交易的风险容忍度,在空间维度上更低,在时间维度上更高,即买入之后尽量不要有非常大幅度的回撤,但可以等待;而右侧交易的风险容忍度,则是在空间维度上更高,在时间维度上更低,即可以接受幅度比较大的潜在回撤,但不希望等待——在买入股票之后,希望尽快上涨,为组合贡献利润。

资金体量作为影响交易的因素,也扮演着极其重要的角色。一个掌握资金量比较大的基金经理，实际上是很难做右侧交易的。因为股票已经处于上涨状态了，"火上浇油"，很容易买涨停，却买不了足够的量；即便不会买涨停，也会导致买的成本越来越高，对组合净值很不利。左侧交易则通常不会有这个烦恼，越跌越买，相对而言较为舒适，可容纳的资金体量也较大。

这两种买入时机其实是没有优劣之分的。因为资管产品，核心目的还是赚钱，只要长区间能够赚钱就好。但是买入时机的不同，会使产品本身呈现出不一样的状态。比如，在其他条件相同的情况下，左侧交易的短期净值可能不会特别好看，短期的爆发性可能也有限，但是潜在风险较小；而右侧交易潜在风险较大，但只要止损得当、买点精准，产品短期的爆发力和投资人的持有体验会比较好。具体选择哪种操作手法的基金经理，还是要根据投资人的自我认知和资金属性来决定。

代表性管理人，如当下市面上比较有名的管理人正圆廖茂林就声称自己是左侧交易者，这可能与他的资金体量有关系，毕竟单人管理规模就达到了百亿元；而复胜陆航就很明确地宣称自己是右侧交易者。

这里通过一个例子让大家更好地理解管理人是如何选择交易时机的。复胜的陆航曾经在2020年抓住了当时的大牛股英科医疗。他从2020年三四月开始建仓，次年的2月初左右清仓，持有英科医疗将近一年的时间，在这只股票上收获了10倍左右的涨幅。[1]

---

[1] 2021年2月已沽出清仓，仅做投资策略说明之用，请勿据此投资。

当时陆航买入英科医疗的逻辑有以下三点。

第一，当时正值海外疫情失控，海外对于医药、防护设备的需求处于刚性且激增的状态。另外，海外停工导致相关订单都转移到中国。

第二，英科医疗专注生产医疗手套，相比口罩、防护服行业，手套行业具有很强的生产壁垒。口罩、防护服行业的生产壁垒其实是比较低的，产能极容易被释放。而手套的产能释放周期比较长，需要两年以上，所以当时短期内市场上没有任何新增产能。并且，手套的经营壁垒也比较高，如在海外销售需要FDA（美国食品药品监督管理局）等认证，门槛较高。

第三，为什么选择英科医疗，而不是其他股票呢？复胜认为，英科医疗这家公司非常专注，长期在这个行业深耕积累，没有切换其他赛道。所以，当手套行业出现机会时，只有像英科医疗这样专注的公司才能把握住机会。

上述逻辑让陆航看到英科医疗未来增长的确定性，同时观察到英科医疗股价已经企稳，呈上涨趋势，所以他从2020年三四月开始在右侧建仓，并在高位清仓，最终取得比较好的收益。

持有周期：交易型、轮动型和持有型

从产品的持有周期来看，股多策略可以分为交易型、轮动型和持有型。

交易型、轮动型和持有型的主要区别，除了投资理念不同外，持股时间和换手率水平（买入额与卖出额之和除以基金规模）也不同。

所谓交易型，是指基金经理会对持有的股票不断地进行买入和卖出操作，通过这种低买高卖的价差获利。通常这种买入或者卖出的依据是大盘和个股的预期表现与市场情绪，即我们所说的择时，通过抓住情绪上升期、回避情绪回落期来实现比较好的产品收益。交易型的操作手法，对基金经理的市场敏感度的要求是非常高的。因此，市面上高水平的交易型选手总体比较稀缺，比较有代表性的管理人是青骊投资和纽富斯投资。交易型策略的持股时间，大体上在一个月以内，有的甚至更短。对应到换手率数据上，至少在30倍，通常在50倍以上，最高的甚至可以接近百倍。

而轮动型与交易型有很大的区别。轮动型主要是指在不同的股票资产之间进行轮动。相对于交易型而言，这类策略下的基金经理没有那么频繁的宏观择时和交易。他们对于多数股票的持有周期会在2~12个月，年换手率在6~15倍。亘曦资产和上海仙人掌资产，就是轮动型管理人的典型代表。在2020—2021年的大牛市中，轮动型管理人通过不同行业间的"踏浪前行"，实现了远超大盘的收益。

持有型是股多策略中换仓最不频繁的类型。管理人持有多数股票的周期，通常在1年以上，有些股票甚至多年不动，基本上忽略了短期的一些波动。这也导致他们的换手率极低，通常在5倍以下，有的甚至在1倍以下，可谓是基于深度价值的长期投资。比如大禾的胡鲁滨、汉和的罗晓春（发行了市面上第一只6年封闭期的证券投资基金），就偏向于持有型管理人。

之所以有这种区别，本质是因为每个基金经理的能力圈、价值观等存在差异。因此，交易型、轮动型和持有型之间并没有优劣之分，它们背后都有非常完善的投资系统。

很多认可交易型理念的投资人，会认为持有型管理人不知变通；而很多认可持有型理念的投资人，则会认为交易型管理人自作聪明，终将被反噬。实际上，这都是正常的——管理人选择投资理念的过程和我们选择管理人的过程，本质上没有区别，都是自身认知、禀赋和理念在投资世界的再现。我们只要选对管理人，能够赚钱就行，大可不必挑三拣四。

底层资产的分布特征

集中度：集中持股型、分散持仓型、适度集中型

从私募产品的持股集中度来看，股多策略可以分为集中持股型、分散持仓型、适度集中型。

集中持股型管理人，持股数量通常在10只以下。风格比较极端的基金经理可能仅持有数只股票，在单一股票上押注超过50%的仓位。集中持股的好处是显而易见的，如果选股得当，基金的净值曲线会非常亮眼，大多数1年3倍、5年10倍的产品是依靠集中持股"跑"出收益的。但其风险也不可忽视，如果选股不得当，这类产品会遭遇巨大的回撤，短期内净值腰斩也不在少数。通常而言，私募基金管理人为了避免被投资人贴上"赌"的标签，不会过分集中持股。

分散持仓型管理人，持股数量通常超过20只。偏爱分散持仓的基金经理通常会在投资组合搭建30~50只股票，通过搭配不同的行业，让整个净值曲线的走势更加平滑。分散持仓意味着投资的爆发力弱，但也意味着回撤的幅度相对温和。

适度集中型管理人则介于前两者之间，通常持股10~20只，在追求一定业绩的同时会兼顾回撤控制。比如，璟恒投资的李育慧，就明确控制组合的持股数量在15只左右。

值得注意的是，集中度重点还是看私募的前三大、五大、十大持股占比。如果前三大持股占比已经超过50%，那么不管剩下的50%持有多少只股票，依然属于集中持股模式。反过来，如果组合只有10只股票，但每只股票占比都是10%，且分布在不同的10个行业，那也属于分散持仓模式。

对于刚开始购买私募的投资人而言，建议选择分散持仓或者适度集中的产品，减少遭遇大幅回撤的风险；对于需要在投资组合中增强进攻性的投资人而言，可以适当搭配集中持股型产品，但仓位不宜过高。

估值与业绩：价值型、成长型、价值成长型及逆向型

从私募产品所持股票的估值与业绩角度来看，股多策略可以分为价值型、成长型、价值成长型及逆向型。

业绩与估值是评价股票的两个最重要的维度。业绩即公司或者行业的业绩增速，通常会用收入同比增长、净利润同比增长等指标来衡量。估值即某个公司或者某个行业的估值，通常用市净率（PB）、市盈率（PE）等指标来衡量。

在选股时，估值和业绩往往无法兼得，不同的基金经理会对两者做出不同的取舍,偏好通常会有所不同,这就产生了相应的风格。

价值型策略不在乎短期估值的波动,更在乎公司长期持续的增长。巴菲特就是价值型策略的典型代表。他买入比亚迪、可口可乐、苹果,持有时间都长达数年甚至数十年,中间多次股价的起起伏伏都不会影响到他的决策。

成长型策略喜欢挖掘增速在20%~50%的公司,对估值的容忍度较高。费雪被认为是成长型策略的代表,不过费雪喜欢的成长股和我们现在常说的成长股存在差异。他喜欢的是顶级的公司,据说他一生只持有7只股票,每只都是优中选优。而我们通常所说的成长股是中短期内业绩快速成长的公司,业绩在1~3年是否高速增长是判断其是否为成长股的关键。

价值成长型策略可以看作价值型和成长型之间的折中策略,追求估值和业绩增长之间的平衡。彼得·林奇被很多人誉为价值成长型的领军人物,他喜欢用PEG[①]估值法进行选股。

逆向型策略则更喜欢寻找业绩反转类的公司,赚业绩和估值修复的钱。邓普顿是逆向投资的代表,他喜欢在市场最悲观的时候买入,一战成名便是在美国大萧条接近尾声的1939年买入了104只股价低于1美元的股票,赚到了股市中的第一桶金。

值得一提的是,我们在做投资之前,要准确地理解每一种细分策略的定义、理念、基本操作等核心要义,这样才能更好地区分不同的

[①] PEG即PE/G(估值除以业绩增速),当比值相对较低时,则该股票具有一定的买入价值。

管理人，挑选更加符合自己要求的产品。

市场上常有一些产品打着某种风格的旗号进行宣传，但实际上并没有抓住该风格的精髓。例如，逆向型策略通常是左侧建仓，如果基金经理的预判迟迟没有兑现，投资人的持有体验就会很不好，即使基金经理依然信心十足，投资人也会因长时间不涨而感到不安。

所以逆向型策略想要做得好，通常需要具备以下三个条件：一是持仓一定要分散，不能集中；二是所选标的估值一定要够低；三是基金经理对大势具有一定的预判能力。如果基金经理在实际投资时一个条件都不具备，只是单纯逆着主流市场进行操作，寻找一些关注度低的股票，那么很难把业绩做好。

了解以上这些知识，将会更好地帮助我们筛选产品和策略。

行业分布：消费型、科技型、周期型、综合型等

从私募产品所持股票的行业分布来看，股多策略可以分为消费型、科技型、周期型、综合型等。

对一个私募产品的股票资产进行行业层面的划分，也是区分管理人的一个重要角度。我们观察管理人所属行业的标签可以从两个维度入手：深度和广度。

在行业研究的深度与广度之间，基金经理必须做出取舍。大部分基金经理能够覆盖2~5个行业；但有一些基金经理只专注于一个行业，如医药、科技、周期等研究门槛较高的领域；还有一类基金经理更在乎行业轮动，对研究的深度讲究适度即可，持仓的行业跨度可能达十几个。

对于只专注于一个行业的基金经理，关键在于考察他的研究能力，可以将他的长期业绩与行业指数进行比较，看其是否拥有长期的超额收益。另外可以关注他的发言，看他是否对行业中表现最好的细分板块有持续的输出。这方面的代表，最典型的是雪球孵化的"医药三杰"——建平、青侨和小丰。此外，近年来在市面上逐渐引人关注的庄贤，也是因专注于大周期投资领域而为人所知！

对于在乎广度的基金经理，关键在于考察其轮动能力，重点观察他的发言中对轮动的方法是否有系统性的输出，对轮动行业的判断是否有逻辑性的思考。如果他并没有深度的理解，那么可能他只是依靠运气踩中热点。

对于覆盖2~5个行业的大多数基金经理，关键在于考察其进化能力，能否持续地研究新的领域或对既有领域进行深度挖掘。如果市场新热点起来后，基金经理迟迟没有关注或者了解，就需要怀疑基金经理的研究能力是否有提升。

对于刚开始接触私募的投资人而言，不建议直接买入专注一个行业的基金经理的产品。这类产品类似主题基金，受单一行业的波动影响较大，呈现大开大合的走势。大部分新投资人往往在行业高景气度时买入，在行业低估时退出，很难在这类产品上赚到真正的收益，建议还是选择多行业配置的产品，以稳为主，稳而后进。

我们总结了股多策略的主要类型及对应的代表管理人，便于读者朋友了解这几种类型的操作方法和风格特点（见表2-1）。

表 2-1　股多策略的主要类型及对应的代表管理人

分类依据	类型	代表管理人/大师	操作方法	风格特点
根据持有周期划分	交易型	青骊、纽富斯	通过不断买入、卖出赚取低买高卖的价差，持股时间大体上在一个月以内，换手率通常在50倍以上	攻守兼备，抓住情绪上升期、回避情绪回落期，实现比较稳定的收益；市场上交易型选手比较稀缺，策略容量相对比较低
根据持有周期划分	轮动型	亘曦、仙人掌	在不同的股票资产之间进行轮动，持有周期在2个月到12个月，年换手率通常在6~15倍	进攻性比较强，擅长挖掘行业和个股超额收益；如果判断失误，短期可能带来比较大的亏损，还需要注意管理人的底层投资逻辑是否发生变化
根据持有周期划分	持有型	大禾、汉和	忽略短期波动，持有时间在1年以上，换手率通常在5倍甚至1倍以下	基于深度价值的长期投资，更看重公司的基本面，考验管理人的深度研究和选股能力，短期可能会有比较大的波动，优秀的管理人长期会有比较高的超额
底层资产的集中度	集中持股	—	通常持股在10只以下，极端情况下可能只持有数只股票，在单一股票上押注超过50%的仓位	大开大合，可能1年3倍、5年10倍，也可能短期腰斩
底层资产的集中度	分散持仓	—	持股超过20只，通常在30~50只，分散在不同行业	净值曲线走势更加平滑，但爆发力弱，回撤也相对温和
底层资产的集中度	适度集中	—	通常持股10~20只	在追求一定业绩的同时兼顾回撤控制

续表

分类依据	类型	代表管理人/大师	操作方法	风格特点
底层资产的估值与业绩	价值型	巴菲特	看重公司的内在价值,不在乎短期估值的波动,而在乎公司长期持续的增长	持有时间比较长,有的可能达数十年
	成长型	费雪	挖掘增速在20%~50%的公司,对估值容忍度较高	寻找中短期内(1~3年)业绩快速成长的公司,公司失去成长性就会进行主动切换
	价值成长型	彼得·林奇	在PEG(估值与业绩增速的比值)较低时,具有一定的买入价值	相对比较均衡
	逆向型	邓普顿	寻找业绩反转类公司,在市场悲观的时候买入	赚业绩和估值修复的钱,考验管理人对时机和事件的把握

主观私募 20 年：中国投资高手的进化

上一节我们系统地认识了股多策略的不同定位视角。本节我们深入一步，在这样的框架下，聊一聊私募圈里你需要了解的主观多头基金经理！

我们对管理人的盘点，从时间和规模两大视角入手，恰好这两个视角下的管理人有比较高的契合度——成立时间久的，规模往往已经比较大了。

私募江湖的底盘：顶流"常青树"

一年三倍者众，三年一倍者寡。在私募行业，比的不单是短期谁"跑得快"，"活得久"似乎更加重要。一些早期的管理人，历经牛熊，乘着中国资本市场的东风茁壮成长，成为这个市场的顶流"常青树"。景林、淡水泉是其中的典型代表，高毅作为后起之秀，成立不到10年就迈过千亿元大关，也很有代表性！

景林

景林可以说是价值投资的典型代表，灵魂人物是蒋锦志，20世纪90年代便已经活跃在投资一线，是中国投资圈的资深投资人。在其发展的过程中，高云程、蒋彤等名将也陆续加入。景林注重用实业的眼光来做投资,大部分研究员有对应的实业背景,其中有一些是互联网企业高管、医生等。由于在行业偏好上属于均衡型,再加上偏深度价值投资的风格,景林应该属于主观多头中风格相对稳健的管理人。

淡水泉

淡水泉是赵军在2007年成立的私募。当年在嘉实基金的赵军,用不到3年的时间将丰和价值这只基金的净值从1做到了4;从嘉实基金离职之后,他创办了淡水泉,用不到8年的时间,带领公司跻身头部私募行列。赵军信奉逆向投资,在交易手法上,淡水泉采用持有型策略。以公开可以看到的数据为例,淡水泉从2014年跻身歌尔股份前十大流通股开始,直到2020年退出,持股时间长达5年多。

高毅

相比老牌的景林和淡水泉而言,高毅算是一个不容忽视的后起之秀了。高毅于2013年成立,发起人邱国鹭原是南方基金的投资总监。在成立高毅之初,他带着"寻找投资牛人"的初衷,搭建了这么一个多元化的投资"俱乐部"。也正是因为一众大佬挂帅,高毅的管理规模可谓突飞猛进——据悉最新管理规模在2000亿元左右,堪称中国私募界的"巨无霸"。

作为平台型私募,高毅的包容性非常强,旗下会聚多位明星基金经理,风格各有不同:邱国鹭偏价值型,邓晓峰属于价值成长型(GARP),冯柳偏逆向型,吴任昊相对偏成长型。在平台模式下,各个基金经理共享基础研究,共享中后台服务,也共享品牌和市场渠道。此外,这种内部基金经理风格迥异的情况,也给高毅提供了发行

FOF产品很好的契机——给投资人提供"通过买入FOF而获得所有高毅基金经理基金份额"的机会，在很大程度上助力了高毅管理规模的扩大。

这种成功的平台模式，也成为业内争相效仿的模板。比如，明星基金经理董承非加盟的睿郡资产，也被视为平台型私募，内部聚集了昔日"兴全系"的众多顶流——杜昌勇、王晓明等。相比传统的私募基金公司，平台型私募的投资风格可以更加多元化，投资人需要对各个基金管理人的具体情况进行深入研究。

其他代表

除了这三家之外，中欧瑞博、重阳、康曼德、千合资本等，虽然公司成立有早晚之分，但其核心人物都是在20世纪90年代就活跃在投资一线了，也算是"常青树"的代表。大名鼎鼎的吴伟志、裘国根、中国首位百亿基金经理丁楹以及前"公募一哥"王亚伟等，都是百亿资金的管理者！

仔细想来，这些"常青树"其实是有相当多的共同点的：在买入时机上，由于规模较大，他们很难进行右侧交易，右侧交易对成本不利；持股策略也基本是持有型，大资金进出不便，很少进行非常迅速的调仓行动，因此换手率通常不高；同样因为规模较大，他们通常覆盖全行业，景林和淡水泉甚至是跨市场择股的。

这些"常青树"彼此之间的差异，往往体现在持股集中度和所持股票的估值与业绩偏好上。从持股集中度来看，高毅邓晓峰在管规模

500亿元左右,但其持有的某矿业龙头,头寸就达近百亿元;也有相对分散的配置,如中欧瑞博、康曼德等。从估值和业绩偏好来看,价值型和GARP型占大多数,而成长股投资并不是"常青树"这个圈子常见的策略。

私募江湖的中坚力量:中生代百亿私募的崛起

除了上一小节提到的几家"常青树"之外,近几年百亿私募的版图也迅速扩容,众多中生代百亿私募崛起,且年轻态的趋势也愈加明显。与"常青树"们多在20世纪90年代就活跃在投资一线不同,这些私募管理人的核心人物多数在21世纪最初10年尤其是2005年之后开始从业,公司多在2015年前后成立,基本上经历过1~2轮牛熊的洗礼。石锋资产、希瓦资产和正圆投资是其中的典型代表。

石锋资产

石锋资产可以说是2020年百亿私募冠军、成长风格私募的代表,拥有崔红建与郭锋两名基金经理。郭锋的从业经历丰富,进入金融业以前,在外交部曾做过5年的副主任科员,之后在外资投行做大宗商品行业的分析研究员,2013年加入东海资管,2015年成立了石锋资产。石锋资产偏好消费行业,平均换手率2倍左右。石锋资产几乎不使用外部投研资源,对股票的挖掘以内部贡献为主。

希瓦资产

与石锋资产类似,希瓦资产也是在2020年收获了巨大的关注,其核心人物梁宏，在雪球站内拥有超高人气，粉丝数量是全站Top级别。他最早是美股交易员，而后逐渐成长为私募基金经理。在他的雪球个人主页，我们至今仍然可以找到2014年的操作记录。在转型基金经理后，他没有固守策略，在股票操作上逐渐从交易型转向持有型。他在风格上偏成长型，曾关注过生猪养殖行业，也涉足过能源行业，但成长性行业（以曾经的互联网行业为代表）还是他主要偏好的。虽然希瓦资产带有很强的梁宏个人色彩，但实际上是一个平台型管理人，有好几位基金经理。这一点，对于想要选择希瓦资产产品的投资人来讲，还是需要注意的。

正圆投资

时间来到2022年，正圆投资凭借其持续爆炸性的业绩，成为整个私募行业的"当红炸子鸡"，规模迅速突破百亿元。正圆投资是廖茂林于2015年创办的私募，长期保持高仓位，即使是熊市也不减仓，平均持有10~20只股票，个股集中度高达40%，还会加杠杆。这种高收益也伴随着巨大的回撤，业界对于它的评价也是各有说法，争议颇大。

正圆投资这种大开大合的操作和业绩表现，在2022年上半年的极端行情中，体现得最为淋漓尽致：1—4月的回撤幅度，以及5—6月的反弹速度，可以说在全市场范围内都是首屈一指的。廖茂林对于自己所管理资金的资产属性也有清醒的认识，并且在交流中明确表达了对投资人的建议：如果你有1000万元，那么用来投资正圆的资金最好不要超过300万元。

其他代表

除了这几家代表性管理人，复胜、大禾等，也都是准百亿私募的候选人。尤其是复胜，在2022年市场大幅回撤之前，实际上已经迈过百亿私募的门槛了。其核心人物陆航，早年在海富通做中小盘投资，积累了较多成长股的投资经验，在2020年收获颇丰，业绩一举爆发。大禾投资的创始人胡鲁滨，在易方达待了9年多，奉行深度价值风格，敢于集中持股，最为知名的一战就是在2018年大熊市中挖出了一只消费股，在大部分人不敢打开账号甚至销户的年份，创下远超指数的业绩。另外，大禾对于研究员的准入标准也相当严格，秉持宁缺毋滥的原则，投研人员相对较少（3~4人），但都是精英配置。不过，这也可能给能力圈扩展带来限制，如大禾之前坦言，对医药、新能源行业从看好到放弃。

私募江湖的未来：新锐潜力黑马

江山代有才人出。私募行业从来不缺新星的涌现，有些私募在成长过程中迈过了10亿量级，并且在业绩上展现出较大的弹性和想象力。这一类管理人，我们统称为"黑马"。

白犀资产

白犀资产在2020年为投资人所关注，其创始人李海是民间派出身，擅长挖掘市场主线，同时注重仓位控制和宏观判断。也正因如此，白犀资产显得与大部分的私募有所不同。白犀资产也是市面上少有的注重规模控制的私募之一，每当产品规模到一定阶段时，基金经理都会封闭产品一段时间，将策略调整到适应的阶段再重新开放。

仙人掌资产

仙人掌资产也是因为这几年的超高业绩收获不少关注。灵魂人物姚跃，公募出身，在仓位择时上非常灵活多变，年换手率偏高，牛市中平均25倍左右，熊市相应低一些。当预判到行情不好时，姚跃会毫不犹豫地大幅减仓，如在2018年大熊市的情况下，他基本是低仓位运作，全年业绩亮丽。无独有偶，凭借敏锐的市场嗅觉以及快速响应的仓位切换，仙人掌资产也避开了2020年春节后的那波大跌以及2021年初"抱团"的崩盘。在行业覆盖方面，仙人掌资产没有太多的局限性，如有色金属、化工、传媒、计算机这些行业都会参与。

亘曦资产

亘曦资产的董高峰则是近几年"券商派"跑出来的"天赋型"选手。董高峰2007年入行，在券商做了4年研究，2012年开始在券商自营部管理资金，从1000万元做到了15亿元，年化收益率近50%。2018年他创立亘曦，创业以来的业绩也非常优秀。此外，董高峰对行业轮动踩点节奏很准，比如，2019年的养殖、2020年的医药和消费，以及2021年的新能源和化工等。相较于仙人掌资产来说，亘曦资产的换手率不高，在10倍左右。

黄建平

以上所提及的，基本是行业均衡型配置的管理人。其实有一些覆盖单一行业的管理人，如雪球站内热度很高的黄建平，专做医药行业，也获得了投资人的极大认可。黄建平在站内的形象可以用几个词进行简单概括："专注""专业""率性"。

所谓专注，他深耕医药行业，不随便在能力圈之外进行布局。

所谓专业，黄建平在医药领域功力非常深厚。用业绩作为佐证，虽然2021年以来经历了极大的回撤，但其代表性产品的长期业绩仍然是很好的。

所谓率性，无论是分享观点还是回答问题，黄建平都率性而谈，不做修饰。

因为黄建平主做医药创新领域的投资，面临的不确定性比较大，而股价的即时反应又比较强，所以很难做右侧交易，其在操作上也偏左侧交易。他的持股特征偏持有型，静待公司价值兑现；仓位适度集中，但又不过分集中；在风格上属于极致的成长股投资，关注长期有成长价值的医药创新公司。投资人在选择这类资产时，需要多角度进行关注，悉心选取。

除了上述管理人外，青骊、华安合鑫、仁布等，也各具特色，蓄势待发。

想必大家对私募圈的主观多头策略管理人有了更深的了解，我们总结了这一策略的私募管理人及其风格特点，便于读者朋友更直观地了解他们（见表2-2）。

表2-2 主观多头策略的代表管理人及特点

分类	特点	私募管理人	代表人物	人物特征
顶流"常青树"	规模较大，很难进行右侧交易，换手率通常不高，通常覆盖全行业	景林	蒋锦志、高云程、蒋彤	价值投资，用实业的眼光做投资，在行业偏好上属于均衡型，风格相对稳健
		淡水泉	赵军	逆向投资、持有型
		高毅	邱国鹭、邓晓峰、冯柳、吴任昊	平台型私募，多元化、多种风格，共享基础研究、中后台服务、品牌和市场渠道
中生代顶梁柱	多数在2005年以后成立私募，经过1~2轮牛熊洗礼	石锋	郭锋、崔红建	成长风格，偏好消费行业，不使用外部投研
		希瓦	梁宏	风格上偏成长型，股票操作由交易型向持有型转变，虽然个人色彩比较浓郁，但属于平台型私募
		正圆	廖茂林、华通	成长股投资，长期高仓位，上杠杆，业绩表现大开大合
新锐潜力私募	规模达到10亿元量级，业绩上展现出较大弹性和想象力	白犀	李海	民间派出身，擅长挖掘市场主线，注重仓位控制和宏观判断，规模达到一定程度会主动封盘
		仙人掌	姚跃	仓位择时灵活多变，年换手率偏高，市场嗅觉敏锐
		亘曦	董高峰	"券商派"出身的"天赋型"选手，行业轮动节奏把握准确

老牌还是黑马：你该怎么选

老牌私募短期业绩可能难有吸引力，但是已经受住市场多轮牛熊考验，长期业绩稳定，对于私募了解不多的投资人可能会选择这类私募。不过不少老牌私募规模较大，船大难掉头，一旦沉寂，可能时间上比较久，投资人必须在心理层面有所准备。

黑马私募短期业绩极其耀眼，买得早很容易得到很好的回报，有些也是未来百亿私募的候选人。但是这类产品很容易吸引人在高位时购买，买入后遇到市场风格调整而业绩回落，对于这类黑马私募要保持清醒，尽量避免在业绩暴涨、各大渠道疯狂推荐时买入，而且要认准它们的逻辑，避免买入后遭遇短期回撤而难以忍受。

存活到现在的中生代私募基本跨过了10亿元规模的生死线，也经历了一定的牛熊转换，抗风险能力在一定程度上得到了市场的验证。如果在当下的行情依然能够把回撤控制得不错，那么这些中生代私募就具备一定的配置价值。

老牌私募、中生代私募和黑马私募各具特点，投资人究竟如何选择自己满意的产品？本质上还是要从多个维度进行了解，尤其是参考我们此前提及的"十二字方针"：人格认知、长期净值和业绩归因，根据自己的需要选择"最对口味"的产品。

实践　认知

与伟大的企业共同成长，深耕基本面研究，自下而上精选个股；
在面对市场波动时，坚持尊重趋势、策略适配，
自上而下确定仓位策略、配置策略。

中欧瑞博吴伟志：
诞于熊市多敬畏，坚守成长少迟疑

吴伟志这个名字，或许大家都不陌生。他是中国证券市场最早的一批从业者。他既是中欧瑞博这家成立15年的"私募常青树"的掌门人，也是中国私募奥斯卡"金牛奖"的常客。他的背后，是一段近30年的证券从业经历！

入市前10年，我收获三个道理

我是潮汕人。1993年大学毕业后，我进入证券行业，在联合证券深圳赛格营业部工作。在那个上交所才刚开业两年的时代，市场中还是以技术分析为主，资金投机性比较强，价值分析的土地还极其贫瘠。我的大学毕业论文写的就是《股市的技术分析》，由此可见一斑。但不管怎么说，那个时候的我已经对股市产生了极其浓厚的兴趣！至今快30年了，这一点依然没有变化。

我的职业生涯起步是非常不错的。进入公司不到一周的时间，我就被领导安排去做自营业务。可以管钱，这对于一个刚踏入社会的大学生来说，是很难得的机会！我常说，这好比一个战士，刚进部队，枪还不会用，直接就被派上前线了。这让我倍感压力，也正因如此，我才得到了重压下的锻炼。

在我入行的前两年，整个市场处于熊市中，买什么都跌，指数级别的最大回撤竟然在70%左右。也正因如此，我从一开始就对风险极其厌恶。我现在的公司中欧瑞博的英文名是Rabbit Fund，也就是兔子基金。兔子这种柔弱的小动物，正是依靠良好的风险管理，时刻竖起耳朵，保持警觉，才得以在自然界中生存。公司名字背后敬畏风险的投资文化，成为我职业生涯最初的烙印。这是我入市前10年的第一个收获。

1996年，市场触底之后，指数开始了一波比较有力量的上涨。但因为我过于敬畏风险，经常是买的股票稍有上涨就卖出止盈，所以在那段时间里，我虽然赚了钱，但操作上并不尽如人意。倒是这期间我服务的一位大客户的操作，引起了我深深的反思。

他在市场较为底部的位置，买入了四川长虹和深发展这两只股票，各占一半的仓位。在股票整个上涨过程中，我和他通了30多次电话，分享对市场的看法。自始至终，他都没有卖出股票。直到有一天，他主动联系我，要卖出这两个标的。我打开账户时被震撼到了：他已经获得了高达7~8倍的收益。

这让我明白：原来买入质地优良的好企业，从牛市初期持有到牛市尾部，竟有如此大的威力。这也构成了公司策略框架的一部分，即策略适配——牛市有牛市的操作策略和思路，熊市有熊市的操作策略和思路，很难有一种策略，可以在各个环境通吃。这也成了日后公司平台组织框架的底层思维之一。而策略适配是我入市前10年的第二个收获。

进入21世纪，我从业接近10年了。蓦然反思，我虽然进步很大，但没怎么赚钱。在那位大客户成功投资经历的启发下，叠加我在读书过程中对基本面投资理念的逐渐认可，我从技术分析派转向基本面投资派。这是我入市前10年的第三个收获，也是最重要的一个收获。

我之所以读足够多的有关基本面投资的书，很大程度上源于前文所述的"一出校门就要管钱"的状况。人生就是这么奇妙，10年后的转变可能与10年前的际遇密切相关。

个人理念碰撞历史的进程，我创立了中欧瑞博

投向基本面投资一派，我的首战是比较成功的。

2003年初，基于对茅台价值的认知，我开始投资茅台。我本身和茅台还是有些缘分的。父亲比较好客，也比较喜欢喝酒，在我六七岁的时候就跟我讲，这是中国最好的酒。当时他大概花了一个月工资的1/3买了一瓶茅台。这么多年我只见他买过一次茅台，后来他把那瓶酒珍藏了很久。因此，茅台很早就在我心中留下了"第一白酒"的印象，在它刚上市时我就关注了。后来我研究发现茅台是不愁销路、只愁产量的公司，在上市前就有这个特质，生产多少都卖得掉。茅台酒的销量是T+5的产量，即生产年份加上5年一共的产量。所以只要知道过去几年的产量，就可以知道未来的销量，这种模式是非常确定的。

但我一开始研究茅台时也如履薄冰，因为不清楚茅台酒的产量。当时我的一个好朋友去茅台调研，见了季克良。当我清楚茅台酒的产

量之后，我心里就有底了，觉得茅台可以放三年不管。其实我是在左侧买入茅台的，当时还被套了10个点，也有人劝我，以后年轻人都不喝白酒了，过了十几年，发现大家还是说同样的话。那时茅台酒一瓶280元左右，茅台每股30元，我憧憬着如果每股价格能涨到一瓶酒的价格，就很满足了，当然后来茅台的股价也远远超过这个价格。我在2007年牛市高潮时卖出茅台，获得了30倍左右的收益。

在21世纪初的熊市中，我选择了进修，成为中欧EMBA2003级上海班的一员。之所以提到这段经历，是因为它与我日后的创业密切相关。

在我读EMBA期间，金融班的同学以同学会的性质成立了一个班级公司，筹集到的资金主要用于班级活动，多余的部分才拿去投资。当时我们班设有7个董事、3个监事，都是兼职的。现在看来，那两三年的回报还是很丰厚的，从最初的注册资本100万元，到扣除每年各类活动费用六七十万元后，账面还有八九百万元的规模。

在班级基金积累到一定规模后，原来负责管理投资的几位同学就想创立一个私募基金管理公司，以班级公司投入的150万元作为股本金。之后，我和其他校友一起成立了深圳市中欧瑞博投资管理有限公司，注册资金2000万元，其中班级基金占10%左右。公司最初的十几位股东，全部来自班级里的同学，还有3位同学专职投入基金管理工作中。

之所以说"个人理念碰撞历史的进程"才有了今日的中欧瑞博，一是因为我的投资能力得到了大家的认可，二是因为我们的确赶上了

穿越牛熊，行稳而后致远

一波牛市。在这波牛市中，基于曾经吸取的教训，我能够拿得住、坐得稳，所以最终的收益是比较理想的。

中欧瑞博 15 年：四轮牛熊，行稳而后致远

在中欧瑞博这15年，是我投资生涯主要的一段经历！细说起来，内容还是非常丰富的。我姑且浓缩成了这句话：四轮牛熊，行稳而后致远。

之所以能够穿越四轮牛熊，本质上还是因为我在风险防范方面做了较为充足的准备。以2015年为例，在6月初市场最疯狂的时候，我写下了《伟志思考：供求关系正在起变化》一文，既用来告诫自己，也用来提示风险。这篇文章至今仍然可以在中欧瑞博的微信公众号上看到：

市场为何会有交易，是因为买卖双方都认为自己在做正确的事。从5月来看，有不少的上市公司股东抓紧套现、再融资，大量的散户疯狂地涌入市场为国接盘，这种强对流的现象确实不多见。是好事还是坏事？见仁见智！但是，对于公司老板都不珍惜自己股权的公司，投资者在投资时确实要三思。

面对汹涌而至的资金对股票的渴望，汇金公司也出现在减持股份的阵营中。这不是一家以营利为目的的机构，因此，它的一举一动一定会传递出信息！投资者还是要认真倾听与理解它的善意。但可惜的是，跻身于洪流之中的多数人，还是不容易静下来、听进去的。

正是基于这种理念和意识，在2015年"过山车"那一轮，以及此后的2016年熔断、2018年贸易摩擦、2022年多因素叠加的"世纪下跌"中，我们的回撤都远远好于大盘。这也是我长区间超额收益的重要来源。

在此期间的7座金牛奖杯，应该是对我经历这四轮牛熊的肯定吧！荣誉的背后，是认可。伴随认可而来的，是规模的稳健扩大。中欧瑞博的管理规模，在2020年和2021年连续跨越100亿元与200亿元两个大关，同时这两年的业绩依然跑赢市场，应该说在一定程度上经受住了成长的考验。

但是我想对投资人说，荣誉只是结果，并不希望他们仅以此作为投资的依据。挑选私募管理人，在很大程度上需要深入研究，关注其策略本身及其内核。

我的投资理念和操作系统

首先，我的投资理念包含两个方面：一方面，我与伟大的企业共同成长，深耕基本面研究，自下而上精选个股；另一方面，在面对市场波动时，坚持尊重趋势、策略适配，自上而下确定仓位策略、配置策略。

如前文所述，这两点都不难理解。选择优质的企业是必要的，对于资质不好的企业，投资者一秒钟都不要浪费，它们才是最大的风险点。而策略适配、尊重趋势，是对市场的尊重。我曾经说过，二级市场的主要特点之一就是波动，在极短的时间内估值波动到原来的一半，是很正常的事情。在这种情况下，投资者既要求这家公司的价值不变，又要求它的盈利短时间内翻番，现实吗？当然不现实。所以我们要尊重这种波动，尊重市场本身的运动趋势和状态。

其次，我的资产投向框架是"成长投资为主、价值投资为补充"。为什么要做成长投资？我讲一个故事，大家自然就明白了。

投资者如果在20世纪80年代末的日本从事证券投资，整整20年间，日经指数从38586点反复向下到9700点，该如何投资？怎样才能实现财富增长呢？

经过长时间的思考，加上多年的投资实战，我得出的答案是：成长投资！日本在1989—2009年失落的20年间，成长型公司如本田汽车、任天堂等，股价上涨了8倍，其表现与日经225指数迥异。

但不得不提，这里有一个文字游戏：成长股的定义其实比较宽泛。利润增长5%的公司是成长股，利润增长100%的公司也是成长股，而前者往往被称作"价值股"。这些定义我并不排斥，但我们内部是有明确的定义的。基于追求确定性、管理规模上升等因素，我对企业增速的容忍度会提高，但对成长本身的追求，的确是融在中欧瑞博的基因里的。

最后，我想补充一下，我们为何特别重视组织能力的建设。因为只有通过打造有生命力的组织，才能保证一个投资系统的效能最大化。

我始终认为，没有一种策略可以在各个市场风格中都胜出。所以，我们希望打造的是一个复合策略平台，即多位基金经理负责单个基金的某一部分，以增强该基金的专业性和稳定性。这样可以在很大程度上兼顾规模和业绩。

我们实施的是与此高度类似的行业基金经理制度。在投委会把握各阶段大的投资策略及资产配置方向的基础上，各行业基金经理负责构建与管理所研究行业的投资组合。我们追求的是将一群各有所长的人，组成一个有战斗力的团体。这种实践，在过去被证明是有效的。我们相信，只要团队不断学习与持续进化，中欧瑞博一定能持续为更多的投资人带来稳健、满意的回报！

实践　认知

当市场走势与自己思维不符时，不要执迷不悟。
一个职业投资人制定的策略要尽可能保持弹性，
尽可能假设更多的情形，
想清楚每个假设的情况出现了该如何应对。

望正王鹏辉：做投资需要一股向上的劲儿

投资圈不缺少传奇和经典案例，踩中某个热门行业、抓住一只10倍大牛股、短期业绩一飞冲天……但经过时间的洗礼，大部分昔日明星到底是靠运气还是靠实力就一目了然了。而追高买入的投资者，究竟在所谓的传奇和明星私募上能赚到多少钱，还要画一个大大的问号。"公奔私"老将王鹏辉则不一样，他在A股市场征战20多年，早已和"市场先生"从对手处成了朋友，对A股市场的脾气秉性了然于心。他深信时代的力量对市场的影响是举足轻重的，所以他选择与时代共舞，游走于符合时代机遇的行业之间，灵活应对牛熊，稳健向前。

规律总会失效，跟随市场赚到钱才是王道

1993年，王鹏辉高考结束填报志愿的时候，正值烈日炎炎，他感觉未来空调的需求空间很大，于是就报了制冷专业。在华中理工大学本科毕业后，他选择继续在本校攻读西方经济学硕士研究生。1999年，"5·19行情"启动，市场一片大好，还在读研的王鹏辉爱上了炒股。在毕业前找工作的那段时间，王鹏辉给不少券商、基金公司投了简历，但一个录用通知都没有收到。

2001年初，他终于有机会进入长城证券从事研究员的工作，因为

他本科学的是制冷专业,所以从事家电研究工作。后来王鹏辉还感慨过:"要认真对待手边的每一件事情,早期看上去无关紧要的事,有可能影响深远。"2003年,在同事的介绍下,他加入融通基金又继续从事了4年的研究工作,陆续覆盖了家电、TMT(数字新媒体产业)、交运和商业等行业。7年的研究工作是他修炼内功、打基础的阶段。

2007年,王鹏辉迎来人生中的一次重大机遇。这一年王鹏辉加入景顺长城,在加入后的短短半年,就升任当时已经声名鹊起、合计规模超过200亿元的景顺长城内需增长和景顺长城内需增长贰号的基金经理。然而他刚接手不久,就遇到2008年国际金融危机,当时基金规模太大,股票组合结构的调整时机和力度也不理想。2008年,王鹏辉掌管的景顺长城内需增长业绩排名在市场后1/3。

不甘落后的王鹏辉决心改变,他把前任基金经理的操作记录全部复盘了一遍,尝试理解每一个操作背后的具体思路,遇到不明白的地方,他还打电话亲自请教。他在实践中逐渐形成了弹性、灵活的投资风格。他对机会的捕捉很积极,在风险来临时则会快速撤退,一旦发现自己做错,就会毫不犹豫全部卖出,冷静思考之后,再重新建仓。几次重大的推倒重来,都使基金的业绩得到较大改善。比如,2008年11月,政府出台"四万亿投资计划",王鹏辉看多市场,开始加仓并将组合全部推倒重来,全面布局周期股。2009年7月,股市大幅震荡,王鹏辉重仓持有的金融、煤矿等周期类股票在大涨后开始回调,他将相关股票全部卖掉,买进消费类股票。2009年,景顺长城内需增长基金净值涨幅高达89.68%,业绩排名在市场前1/10。2010年初,

不确定性世界中的生存法则——顺势而为

王鹏辉认为宏观经济会回升，买进了很多周期股，但很快由于房地产调控政策的出台，周期股大跌，景顺长城内需增长的业绩下滑到市场后1/2的水平。王鹏辉厘清思路后，卖掉了全部周期股，买进电子消费品股票。2010年底，该基金在大盘下跌达12.51%的情况下逆势上涨11.42%，在同类基金中排名前1/10。

对于以创业板为代表的新兴成长股的投资，王鹏辉也在不断总结和纠错。2011年下半年，他陆续买进新兴成长股，结果2011年大盘股大幅跑赢中小盘股。2012年初，他迅速调整仓位，增持了金融业等低估值行业股票的配置比例。2012年中期，宏观经济下行，他卖掉传统行业的股票，买回新兴成长类股票。2013年是新兴成长股的大年，创业板指数上涨超过80%，沪深300指数下跌7.6%，景顺长城内需增长基金净值大涨70.41%，大幅跑赢同期基金。

凭借着出色的纠错能力和领悟能力，王鹏辉找到了在不确定性世界中的生存法则——顺势而为。在他看来，没有什么是确定的，规律总会失效，上一次成功的经验可能会导致下一次的错误，所以不存在一个统一的信条。他认为，当市场走势与自己思维不符时，不要执迷不悟，一个职业投资人制定的策略要尽可能保持弹性，尽可能假设更多的情形，想清楚每个假设的情况出现了该如何应对。

他认为，谈能力圈是封闭，迷信称重器则是自我，以为自己的标准就是上帝的标准。作为一个职业投资人，要足够灵活，能力圈只能框定住自己。真正的价值投资不应该设定太多限制，要有开放的思维，独立思考，敬畏市场。

2009—2014年，王鹏辉用自己飘逸灵活的策略使其管理的景顺长城内需增长及景顺长城内需增长贰号分别位列全市场股票类基金的第一和第三。尽管他无数次被市场泼冷水，但他就这样摸爬滚打，不知不觉中和A股市场处成了朋友，掌握了在不确定性世界中的生存法则。

熊市不躺平，牛市抓收益

2015年，王鹏辉从景顺长城离职，创办望正资产。他希望望正行得正、看得正，为客户创造正收益。这个时期，他的仓位择时和行业切换更加灵动，策略弹性更大，对市场上大的危机和机遇的嗅觉也变得更加灵敏。

成立望正以后，王鹏辉更加看重绝对收益。他们内部的投资目标是滚动3年都能创造不错的业绩。为此，必须做好主观择时，在宏观大势上做好判断，通过调控仓位来规避系统性风险，保全收益，而不能躺平不动、被动挨打。比如，2015年6月"股灾"开始后，他在3天之内将股票仓位迅速降至15%左右，并维持低仓位规避"股灾"；2018年3—4月，考虑到中美贸易摩擦和宏观经济下行压力，他又将仓位陆续降到20%以内；2022年3—4月，望正同样以低仓位躲过极端行情，并在11月考虑到国内外环境改善、市场处于低位，把仓位又重新加到比较高的位置。

2017年和2020年迎来了两次比较大的时代机遇，望正适时抓住了这两次大牛市中的机会，取得了较好的收益。2017年，随着供给侧结构性改革的不断深化，市场风险也得到较多的释放。望正抓住机会，果断将仓位提升到90%以上并维持至11月，重点把握了高端白酒、新能源汽车产业上游的锂和钴行业等结构性机会。2020年的新冠肺炎疫情又是一个大时代的分水岭，面对疫情危机，各国政府的选择是更大力度的放水，推动了以茅台为代表的核心资产的大幅上涨。望正跟上时代的变化，调整组合，通过对消费、医药、科技和新能源汽车等行业的均衡配置，又获得了不错的收益。

但王鹏辉也有看错的时候，产品在短期内曾有比较大的回撤，但历史上的几次大回撤，他都及时地应对和修复了。望正历史上两次比较大的回撤，发生在2020年3月和2021年2月。第一次大的回撤发生在2020年初，新冠肺炎疫情暴发，全球股市崩盘，A股也大幅下跌。考虑到疫情冲击带来的影响只是短期的，且当时全球都处于流动性宽松的状态，望正选择维持较高仓位运作，导致产品阶段性出现回撤，但是随着行情转暖，在2020年第二季度，回撤就得到了快速修复。第二次大的回撤发生在核心资产崩塌期间（2021年2—3月），市场调整较为迅速，望正的组合中持有的核心资产遭受重创。但是王鹏辉反应比较及时，在下跌的过程中逐步调整行业配置，压减消费、医药和互联网等仓位，重点布局中国制造，通过对新能源汽车、半导体、军工、化工新材料、工控技术等领域的深入挖掘，在2021年第二季度快速修复了回撤，较好地把握了2021年的结构性机会。

综合来看，望正虽然在2015年上证指数5000点高位成立，但运作7年多取得了优异的业绩，回撤修复能力也很强。望正每一年的业绩也许并不处在最拔尖的梯队,但的确做到了稳健向前。2018年,《中国基金报》评选了过去20年对基金业发展做出突出贡献的20位基金经理,王鹏辉凭借公募和私募期间的出色表现,赫然在列,与他一同上榜的还有邱国鹭、邓晓峰、王亚伟、董承非、朱少醒等一众大佬。

大型时代性机遇的信仰

在一次采访中,有人问王鹏辉过去的好成绩是怎么取得的,他回答说:"我始终觉得收益率都是时代赋予的。每一个时代都有自己的主旋律,跟上主旋律,组合就能获得较好的收益率。"

从雪球出品的投资类专业对话视频《方略》第二期的访谈中可以看出,王鹏辉认为投资中没有圣杯,不存在一个一劳永逸的行业能够长期满足他的投资要求。任何一个行业、一个企业最终都会走向衰落,当行业无法满足他的收益需求,果断抛弃,另寻下一个。在选择行业时,他更偏好产值空间比较大的行业,试图在爆发性成长前切入行业。

王鹏辉是一个聪明的投资者,他认为投资中只要把握住关键行业,就能获得80%的收益,而选股只占到20%。相对个股来说,符合时代主旋律的行业带来收益的确定性更高,而在个股上则不用深究,追求一种模糊的正确。

望正内部,有着关于大型时代性机遇的信仰,而信仰的支撑来自"三高"。

一是高概率。简而言之就是发展空间大、产值大的行业更有可能挖掘到好的公司,找到了大产业里的好公司,就会产生"1+1>2"的效果。

二是高效率。产业总量快速增长,上市公司的收入和利润也会增加,媒体曝光度、投资者讨论度会非常高,资本市场会非常及时地反应产业发展和企业经营的变化,甚至会做出超前反应。

三是高收益率。高收益率的核心来自正反馈——产业发展了,股票涨了,融资投入产业的速度和效率就快了。

那么当下时代的主旋律是什么呢?王鹏辉认为是高端制造业。现在逆全球化趋势显现,在这种情况下,高端制造是影响国际竞争力的重要因素,如半导体、光伏等高端制造领域是"卡脖子"的关键领域。他非常看好中国的高端制造业,认为中国的一些产业已经进入无人区,这也是望正将其主要投资方向聚焦在高端制造业的重要原因。

另外,汽车电动智能化、人工智能以及全面建成小康社会后的消费下沉和消费升级都将带来比较大的投资机会。基于此,望正将目前主要的投资方向聚焦在高端制造、科技、医药、消费四大领域。而在具体布局时,望正则会综合考虑短期逻辑和长期逻辑。比如,自2022年11月以来,望正基于对2023年经济复苏主线的判断,在金融、地产和疫后复苏的消费等短期反弹弹性大的顺周期行业重点布局了一些仓位,同时在长期具备真正成长潜力的新能源汽车、"双碳"、半导体等领域也进行了布局。

具体到个股的选择上,望正有一套自己的评断逻辑,聚焦4类企业机会:一是基于共识性的产业引领者,如苹果、特斯拉,不需要投入过多的研究资源；二是基于成长的产业协作者，此类企业受益于产业需求的快速增长，需要多跟踪、多研究，在产业链上做调研，用充分的信息进行逻辑推导；三是供求错配导致的周期性机会，重点关注那些通过逻辑分析可以确信在某一阶段会出现短缺的材料或者部件；四是困境反转，在行业发展的大背景下，一些曾经优秀但现在沦落的企业可能再次获得生机，此类机会往往发生在产业发展的中后期。

投资这件事，需要天赋、努力，而最重要的是有足够的热情。"天赋"体现在自身的性格、心态上，"努力"能够帮助自己积累经验、辅助决策，而"热情"则是发动机，提供源源不断的动力。王鹏辉虽然不算天赋型选手，但身上有一股不服输、敢于推倒重来、热烈而向上的劲儿。这股劲儿既影响到他人生和投资中的每一次重大决策，也将引领望正与时代共舞，灵活应对牛熊，稳健向前。

实践　认知

有夕阳的产业,但没有夕阳的公司。
一个好公司的标准是公司本身的利润能够逐年稳步向上,
并且它的利润更多的是内生式的,
而不是被动依赖外界环境。

庄贤投资王安：万物皆周期，价值皆可循

要说市场上哪个板块常年在公募、私募等机构青睐的榜单之外，那一定有"周期"板块。周期股大多是生产制造型企业，研究体系较为复杂，估值定价也不易，常年被公募、私募等机构"抛弃"。但总有人钟爱在"无人问津"的领域挖掘机会，在庄贤投资王安的眼中，只有夕阳的产业，没有夕阳的公司。在一些传统的周期板块中，往往存在一些具有高成长性的优质标的，它们不像科技类公司那般锋芒毕露，需要你用不偏不倚的独特视角去发现它的投资价值。

我花了四年，在顶尖金融机构里游历了一圈

我的家境算是中等水平，能够满足自己的生活所需，但是我从小并没有受到家里的宠溺或娇惯。基于这样的成长环境，早在初中的时候，我就深刻意识到要通过自己的努力、坚持不懈来达到目标，获取更高的成就，而没有任何依赖父母与家庭的想法。我相对同龄人的这种依赖感的解放，或者说很早就建立的责任意识和自立意识，或许是我和他人相比略有不同的地方。

我本硕就读于清华大学，高考时我的想法是选择商科相关专业，但当时对商科的认识仅停留在一个比较笼统、宽泛的层面，兴趣并没有聚焦到投资这个细分方向。我的高考分数虽然能进清华，却够不上

当时最热门的专业，如经济管理或者金融。因为自己有未来从事商科的职业目标和规划，所以通过第二学位的学习以及之后的研究生选拔，我最终开启了金融领域的系统学习旅程，并且在这个过程中，渐渐明晰了以后的职业规划。

金融领域又有很多细分行业，包括银行、保险、券商中的投行、公募基金、私募基金等。我最初也不清楚自己适合或者擅长哪一个细分行业，于是做了一个大胆的决定：我要去这些金融细分行业游历一圈。从大三开始到研二，我花了四年时间，通过实习把金融领域每一个细分行业都尝试了一遍，遍历国内外的顶尖公司，如BCG（波士顿咨询公司）、麦肯锡这样的咨询公司，如中金这样的金融机构。

通过比较，我发现投资是一项持续时间最久、历练最深，并且随着时间和经验的积淀而历久弥新的事业。它不是一个吃青春饭的行业，而是需要坚持不懈地努力与实践，并且这个行业与我的性格有天然的契合度，跟我的长期规划也最吻合。因此可以说，通过自己的不断实践，我终于找到了毕生追求和为之奋斗的事业——创办一家私募基金公司。

天赋并不会让你走得更远，但实力可以

2014年我毕业之后，就遇到了2015年的大牛市，而我的第一桶金就是在那个时候赚的。我当时做研究工作，主要偏向于中概股和港股，对A股的研究并不深入，只是基于自己的熟悉度买了一些A股的股票，赚的是市场情绪整体向上的钱。

我第一次买股票，收益率就接近100%，心情很是激动，但是后面就经历了整个牛市的崩溃，市场情绪快速坍塌，最终利润也回吐了一小半。这件事给我的启发是：应该扎实地做好公司的基本面研究，不能人云亦云。这种靠市场情绪推动带来的、没有理论研究作为强有力支撑的钱，终会来得快、去得也快。

所以我不觉得自己有什么天赋，我在学习和投资上取得的一些成绩，本质上源于后天的积累和努力。研究生毕业的时候，大家都在同一条起跑线上，没有孰强孰弱之分。差距的拉开是基于日后工作实践中的点滴积累，或许源于一个靠谱的工作赋予你的机会，当然更取决于自身的意识，比如，是否全力以赴去全方位提升自己。我非常感谢我的第一份工作，当时是在老虎环球基金下面的亚太研究所做研究员，我的硬技能（hard skills）就是在那个时候被培养起来的。

小到Excel表格的处理方式、数据的整理方式，大到一些投资逻辑和框架的系统性梳理、第一手数据的尽调方式等，这些是我进入投资行业最原始、最系统、最正规的一段学习经历，为后续自己投资体系与框架的搭建打下了坚实的根基。与此同时，这段工作经历也让我养成了实事求是的投资风格，这一点对我日后整个投研框架及投资风格都产生了至关重要的影响。

除了扎实的基本功以外，我们还要在实践中不断反思和领悟，如在每一个投研案例中，真正分析出自己赚的是哪部分钱，而不是简单的赚了钱就很开心、亏了钱就不开心。应该知其然，更知其所以然。投资者的基本功一定要扎实，一开始走得慢一些，是为了走得更远。

万物皆周期的投资理念，重要的是找到具有内生增长性的企业

这两年，私募市场整体不太好做，而我们（庄贤）逐渐走进大家的视野，取得了一些成绩，也得到了一些认可。对我来说，最重要的还是管理好投资人的钱，这一点是自始至终不会改变的。

如何管理好投资人的钱呢？

首先，在策略上，我们有独创的"万物皆周期"的大周期投资策略。

我们的大周期投资体系是一步一步慢慢搭建和完善起来的。最开始我们基于自身的一些实业背景（公司的前身是一家化工民营企业），逐渐向外扩展到与我们没有业务交集的整个化工板块。在这个过程中，我们积累了一些人脉，但更重要的是投资体系、数据分析框架逐步完善。

同时，我们也会基于化工板块投资的思考方式、供给和需求关系，映射到其他板块，如传统周期板块（钢铁、煤炭、有色金属、稀有金属等），进行深度拓展。近几年，我们的大周期投资体系经过了三次拓展，逐步形成了"万物皆周期"的大周期投资策略，并且已经比较成熟和完善。

我们的大周期投资体系打破了周期和非周期的绝对界限，凡是能够用供给和需求曲线解释的，包括一些可能并不完全属于周期行业的板块，如食品饮料中的白酒、金融中的券商、军工，这些涉及季节周期、情绪周期等的板块，是我们周期投资体系的外层圈。我们是从内到外，逐渐往外延伸、扩张的过程。

在整个体系搭建和延伸的过程中，我在清华的一位师兄起到了举足轻重的作用。他本硕都就读于化工专业，对化工的很多细分行业及其他周期板块具有深刻的思考和见解。他在2020年作为合伙人加入了庄贤。

战略合作伙伴的背景加上合伙人的化工及周期相关研究背景，使得我们整个大周期投资体系相对扎实和完善。

其次，在选股方面，我认为有夕阳的产业，但没有夕阳的公司。

我会重点关注周期框架中的优质成长股，做深度研究。一个好公司的标准是公司本身的利润能够逐年稳步向上，并且它的利润更多的是内生式的，而不是被动依赖外界环境。在考察一个公司时，我会从各种角度进行全方位调研。比如，有的公司科研投入比较高，技术不断进步；有的公司通过并购重组扩张产能，并购重组之后，它可能会向上下游业务延伸，形成产业链闭环；抑或管理层不断提升自己的生产管理水平等。发现了这样的公司，我会用比较长的时间跟随与陪伴。但因为所做的是偏周期性的行业，不排除好公司也会经历短暂的周期性波动，在这个过程中，我会做一些波段操作。虽然我可能从头至尾都会布局这个公司，但中间我会根据市场环境和情绪的变化，对一些仓位进行调整。

我们注重研究，只赚自己认知范围内的钱，提前布局而不是盲目跟随市场。比如，2018年我投资了神马股份，它是一个相对市值比较小的公司，在河南平顶山，主营业务是做尼龙66切片，通过兼并收购打通了上游通道，把包括己二腈在内的一些原材料纳入自己的产品体系，大大降低了成本，利润呈爆发式增长。我在2017年就关注了这家公司，经过2018年上半年的蛰伏，下半年股价大幅上涨，我也因此取得了比较好的收益。

最后，在投资风格上，我相对谨慎，对于整体风控结构和体系的设计、搭建都更严格一些。比如，我在开始买入时就会计算赔率，会先考虑这只股票最多可能亏多少钱，而不是考虑赚多少钱，会有最坏情景假设。我会进行严格的风控管理：在个股层面，任何单一个股总亏损额不能超过所管理产品总资产的2%，一个标的拿满10个点，它最高不能亏损20%。因此，我们的产品从成立以来到现在最大回撤都是相对较小的。我想说的是，拿了受托人的钱，就要当成自己的钱来管理，我是比较看重为投资人创造绝对收益的。

做自己擅长的事情，不言终点与放弃

投资是"反人性"的，很多时候需要一些"孤独"的坚持。其实这些年我做投资也会有一些艰难或者孤独的时刻，即便是做正确的事情，短期可能也会有压力。比如，自己认为研究很深入、置信度很高的标的，却迟迟得不到市场的认可，甚至会有被错杀的可能。这个时候投资者更需要审时度势，如果市场平稳，则可以等待；如果市场情绪悲观恐慌，或者有突发利空政策，还是需要用止损制度来严格控制单个标的的最大亏损。

总结来说，投资者需要在做好基本面分析、夯实投研支撑的基础上，做好"反人性"的底部布局，并有坚守的决心，这是比较重要的，但做起来并没有听起来那样容易。

实践　认知

选出股票之后，还需要有合适的买卖节奏，才能最终获利。
我会不断地寻找我们的认知与市场共振的点，
在主升浪阶段参与其中。

大椿支东兴：寻找剧烈变化中的重大机会

在高手云集的私募投资江湖中，业绩是评判武功高低的唯一准则，少了论资排辈的讲究，给许多年轻的禀赋型选手提供了崭露头角的机会。年轻的黑马年年有，却不是每一匹都能成长为千里马。要想成为千里马，除了要有爆发力，还要有很强的判断力和耐力。支东兴身为一名"90后"，既有年轻人向上的冲劲，也有投资老手般的沉稳。他投资的视野和思路很开阔，通过敏锐的嗅觉抓住投资机会，灵活应对风险，近几年的业绩在市场名列前茅。那他是如何在剧烈的变化中寻找到投资机会的呢？

良好的开局：把握互联网时代

我叫支东兴，是一名"90后"，本科毕业于浙江大学。2015年，大三那年的暑假，我在硅谷参加了一个创投孵化器的实习，参观了硅谷的一些互联网企业，如谷歌、Facebook、Palantir、Pinterest等，也看了一些互联网的创业项目，那几个月我陆陆续续在网上发表了不少产品分析报告、互联网公司分析报告。那段经历帮助我更好地理解了互联网企业。事后来看，我在2016年、2017年的互联网牛市和2018年的熊市都能取得比较好的投资业绩，跟那段经历也稍有关系，而且我早期进入互联网公司做产品经理，后来去投资公司做科技研究员的职业履历，也是在那个时候就有了苗头。

2015—2016年，我开始买科技股。当时互联网行情很好，涨得很快，互联网股票每年都有涨好几倍的，如微博2016—2017年涨了接近10倍。2015—2017年这三年我做投资还不错，主要在陌陌、微博和新东方这些股票上赚了不少钱。

我以陌陌为例来分享一下我是如何选到股票的。当时整个秀场直播因移动互联网的普及而爆发，从商业模式上看，陌陌的社群导致它获取流量的成本比YY、虎牙这些平台低很多，长期来看它能够积累越来越多的用户；而且陌陌的社群能留住人，这些人在社区的归属感比较强，打赏意愿比较高，所以我认为陌陌直播非常有前途。另外，我当时在腾讯QQ部门工作，也会做QQ群直播，在看QQ群的直播数据时，会到处找数据比较其他直播平台的情况，我看到陌陌直播数据的增长是比较快的。当时也有人质疑陌陌的增长数据，但我觉得正常。因为我找了各个第三方进行验证，每个验证都是一致的，所以我认为没有问题，陌陌呈现出来的数据就是它的真实数据。随着陌陌的业绩在逐个季度兑现，市场认知也逐步跟上了，陌陌在2017年上半年大概涨了三四倍。

腾讯之于我的双重意义：连接工作与投资

我毕业后的第一份工作，是在腾讯任职产品经理。我的任职时间并不长，主要是因为我不太适应产品经理这个岗位的工作方式。这个岗位要求是多线程的，每天工作四五个项目，跟二三十个程序员、设计师、运营同事沟通开会，这让我很难适应。我的脑子里只能做一件事情，最讨厌的一个词就是"multitasking"（多任务处理）。当时我在投资方面挺顺利，让我觉得自己做投资其实挺好，那两年我差不多有小10倍的收益，这给了我很多信心。

后来我离开了腾讯，入职东方港湾。腾讯于我工作层面的意义戛然而止，但于我投资方向的意义才刚刚开始。对腾讯的投资和跟踪，很好地完善了我的投资思想和体系。

在东方港湾，我刚开始的工作是研究覆盖中美的主要互联网股票。2017年，腾讯涨了1倍，也是公司重仓，这只股票为公司贡献了不小的收益。但即使我们从腾讯身上赚到了不少钱，我也没有认为它长期一定会涨，在2018年初它的股价演绎非常充分的阶段，我们兑现了大部分的收益，避开了当年它下跌接近一半的局面。

以前路演的时候我讲过腾讯2016年末到2018年初上涨的四个阶段。在这四个阶段，公司的经营明显向好，但市场预期的变动要比公司本身的变动大很多。第一阶段，市场看到腾讯主营业务游戏在恢复，产生了王者荣耀这样的爆款；第二阶段，人们又讲宏观经济好、广告业务在变好；第三阶段，人们在讲腾讯的支付业务等同于增加了一个蚂蚁金服；第四阶段，人们开始讲腾讯有很大的投资生态，可以再造一个腾讯。

与此同时，人们对腾讯的估值也越来越乐观，一开始采用PE估值法，后来就采用分部加总估值法了。另外，市场对第二年的业绩预测也不断上调。人们对事物的预测总是线性的，2017年腾讯的手游增速达70%，各大投行的模型预计腾讯第二年增速稍微放缓，在40%~50%。但事实上不是，第二年的增速是20%多。事物的变化是非线性的。有趣的是，市场对腾讯的估值也从分部加总估值法回到了

PE估值法，上涨时事物非线性跳变和估值切换，下降时也是这样。

整个过程更加印证了我的想法，坚定了我对待股票的态度。我一直会研究市场对股票的认知，看它运行到了什么阶段。所以，2018年初我觉得明显有问题。到了2019年，移动互联网用户的总数就不怎么增长了，那时候我有了这样的想法：这些互联网龙头股票的最好时代基本接近尾声了。因为它们增长的底层逻辑就是用户数和用户时长，而我觉得它们的底层逻辑已经缺失了。海外的FAANG[①]也是一样的情况，那时我就产生了担忧。

国内互联网巨头的用户增长缺失之后，它们开始进行横向的业务扩张，如腾讯开始布局更多领域的投资，美团开始卖菜，都通过跨业务扩张来打破自己的瓶颈。但后来国家颁布了《中华人民共和国反垄断法》，我觉得这条路就彻底被堵死了。所以我坚信这个故事最好的时代已经过去了，只有震荡行情，快速增长的阶段已经没有了，以后也不是最好的资产了。海外的FAANG在2020年加速了渗透率，也基本耗尽了用户和时长红利。

2019—2020年，对于投资腾讯其实我也参与了一些，但只是跟着高频数据和宏观市场的节奏去做，既没有重仓，也没有坚定持有的信念。

围绕渗透率曲线的四个赚钱模型

其实2019—2020年的腾讯，以及移动互联网用户渗透率的见

[①] 美国市场上五大最受欢迎和表现最佳的科技股的首字母缩写，即Facebook（FB）、苹果（AAPL）、亚马逊（AMZN）、奈飞（NFLX）和谷歌母公司Alphabet（GOOG）。

顶,意味着事物正式进入了成熟期。进入成熟期的事物,参与的价值的确不大。为了更完整地理解事物发展的各个阶段,我们来看下渗透率曲线的概念,因为这是我很看重的事情。

一个事物从无到有,然后快速成长,再到渗透率见顶,最后慢慢消亡被新事物取代,一般来说会有五个阶段:概念阶段、故事阶段、成长阶段、成熟阶段和衰退阶段。而我们要在剧变中把握投资机会,尤其看重其中的故事阶段和成长阶段,当然也要参与一部分成熟阶段的机会(主要是周期股)。

为了让大家更好地理解各个阶段的特点和差异,我们进行具体阐释。

概念阶段是很难赚钱的,这个时候往往偏向于炒作题材。比如太空探索、固态电池,目前是偏题材,只有在牛市才有赚钱效应,其他时间想要赚钱比较难。当概念可兑现时,就进入了故事阶段,渗透率从1%到5%就变成了快速兑现的故事。这个阶段的事物已经产生明显的实用价值并得到小众的认可。举例来说,2012—2013年的特斯拉,电动车不再只是一个概念,而是变成了可量产的车,故事开始萌芽,虽然没有走向大众,但它两年也能涨10倍,这就是故事阶段。成长阶段就是公司产品从小众走向大众、业绩爆发、估值扩张、实现"戴维斯双击"的过程,如2019—2020年的特斯拉。再之后就是成熟阶段了,这个时候的产品渗透率很高,需求比较稳定,很多企业变成了周期股。这时我们会找周期变量单一、波动很大的股票,并在供给突然收缩(如2018年开始的百年一遇的非洲猪瘟)或者需求突然扩大(如2020—2021年的锂矿)的时候参与。事物发展的最后阶段就是衰退阶段，事物衰老，被新事物替代，这个阶段没有任何参与价值。

围绕这样的渗透率曲线，我有四个赚钱的选股模型："戴维斯双击"模型、故事兑现模型、周期反转模型以及"黑天鹅"交易模型。其实基于上文提到的投资思想和渗透率曲线，很容易理解这四个赚钱模型。前三个赚钱模型分别发生在成长阶段、故事阶段和成熟阶段。"黑天鹅"交易模型则不确定会发生在哪个阶段，但通常在成长和成熟阶段，而且在牛市使用很有效。

其实早在2020年初，我基本就认为自己的赚钱模型是这几类，到2020年中期，就很明确了。但在此之前，其实我已经琢磨得比较久了，以前我还经常写东西加以记录。

形成这样一个投资框架，离不开东方港湾本身的氛围。公司很包容，起码我对自己管理的基金有完全的自主权。东方港湾的部分研究员有两个角色，一个是研究员，另一个是基金经理。作为基金经理，我们管理的小基金是可以自己进行决策的，可以买与公司大的组合完全不一样的股票，可以尝试各种理念。

这个投资框架经受住了市场的考验。我管理公开基金产品是从2019年开始的，到2022年末，虽然时间不长，但基本上是一轮牛熊，其间经历了A股、港股、美股三地多次的"股灾"和熔断，但我的整体业绩在全市场是靠前的，回撤控制得还不错。具体对应到投资模型来看：2019年在周期股的猪肉板块和成长股的物业板块收获颇丰，2020年在成长股的SaaS（软件即服务）及免税板块赚了不少钱，2021年在周期股的锂矿板块和成长股的电动车板块有较大的获利，2022年在成长股的储能板块也把握住一部分港股恐慌的抄底机会。整个框架的适用性得到了比较好的体现。

一个交易者的自白

上文提及的选股模型，核心目标是选出有价值的股票。但选出股票之后，还需要有合适的买卖节奏，才能最终获利。我会不断地寻找我们的认知与市场共振的点，在主升浪阶段参与其中。买卖择时也是为了优化投资体验，包括优化基金持有人的投资体验和基金经理的投资体验。我的性格比较谨慎，对很多事物都不太放心，我需要以一个我认为稳妥的方式安排持仓。

在我看来，一个交易体系的最终获利，实际上需要以下三个方面的配合。

第一，要在市场环境好，起码结构性行情好的时候寻找机会。比如，2019—2020年市场很好，2021年新能源板块很好，起码要在好的大环境或者好的结构性环境中寻找机会。

第二，要找到一个巨大的变化。我赚钱都是因为有巨大的变化，如中国提出免税内循环的故事、全球新冠肺炎疫情的突然发酵、俄乌战争影响全球能源价格、中国防疫政策的优化等，这些事情的影响级别非常大，这时候就有一个认知传播的过程。虽然第一天的时候大家都看到了，但真正参与进来总是需要好几个月的时间，这就是认知扩散的过程。对于大事的发生，所有人刚开始是感知不到的，觉得影响不可能那么大。你如果反应快，迅速学习、理解并接受新事物，那么在资本市场是很容易获利的。先信的人即便判断对了一半，收益也非常高，因为先信的试错成本低，而选对的回报高。

第三，找到直接受益的股票，迅速理解并参与其中。比如，某一天它涨了10%、20%，不要紧，这个趋势级别是足够大的，你去参与它就好了。这时候兑现收益是比较快的，前半年是认知扩散期，增长很快，不需要等太久。需要等太久的是稳定的事物，那些事物的赚钱机会不在我的框架内。

当然，在形成这一整套系统的过程中，除了自身的实践之外，两位交易大师的投资思想也起到了很重要的作用。

第一位是德鲁肯米勒。他是美国的宏观交易大师，强调要先看宏观，认清大势，再考虑具体标的。他认为，进入股市的第一要素是考虑流动性，而不是个股研究。他的理念是：股价的50%由宏观决定，30%由行业决定，20%由个股决定。我觉得很有道理。

第二位是马克·米勒维尼。他对我的影响也很大。他做投资的三原则：首先保障资本，其次形成一致性的获利能力，最后获取超额收益。这个原则应该贯穿每个交易者的职业生涯。按照他的体系，投资的第一步是不要亏钱，第二步是形成稳健的投资收益，第三步才是拿赚来的钱博高收益。再者，他有一个比较明确的判断趋势的原则。趋势到底如何，尽管每个人都有自己的看法，但他判断趋势成立和反转的原则，对我产生了启发。

面向未来：大椿的规模、收益和策略

我们公司名称是海南大椿私募。"大椿"二字出自《庄子》，意指上古的树，生命力顽强。市场波动很大，我们希望活得长久一点，能够在波动中持续创造高收益。

公司的管理规模接近10亿元。即使规模增长三四倍，目前来看管理起来也没有太大的问题。从我们的业绩归因报告中可以看到，我们几乎没有交易过流动性差的股票，最多买1%。我们持有的股票一定要很热门，或者成交量很大。比如，我们购买的美股国债ETF，交易额每天几十亿美元，购买的美股光伏股票，成交额每天也在10亿美元以上；我们在A股购买的股票交易量也非常大，几乎不会购买交易额5亿元以下的股票；2019年和2020年我们参与的港股物业股、SaaS股也是热门股，交易额也很大。在现有的管理规模下，我们每只股票才买几千万元，假如放大几倍变成几亿元，也不会产生太大的影响。

我们过去的表现排名比较靠前，具体的情况可以在雪球等网站查看。不过，希望投资人未来的收益预期可以适当降低一些，这样对持有人和基金经理来说都更可持续。我们保持动作不变、体系不变，综合表现应该还是比较值得期待的。当然也要分年份，大年实现业绩增长很容易；像2022年这样的小年，我们只赚了几个点的净值。不过在过去四年，无论大小年，我们相对大盘的超额每一年都很明显，幅度也是稳定的。

未来在策略上，一是要基于现有的框架进行完善。二是长期来看，我可能会尝试一些量化与主观相结合的模型。其实中高频的量化交易与中高频的主观交易之间的距离，有时候并不遥远。量化交易的框架也是由人搭建的，在公司内部孵化一个量化平台，我认为是值得尝试的。一方面可以丰富和进化策略，另一方面可以在一定程度上应对规模扩张带来的影响。当然，这可能是相当长期的一件事情，并不会对我们当下的投资策略和投资动作产生任何影响。

CHAPTER 3

第 3 章

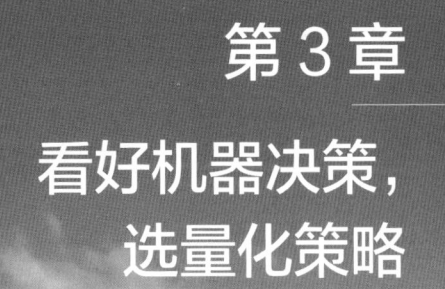

看好机器决策，选量化策略

量化投资：顶尖数理天才们的智力博弈

二级市场中能在股票投资上赚钱的策略有三类：第一类就是大家熟悉的以巴菲特为代表的价值投资；第二类是宏观对冲策略，这类策略的特点是赚周期轮动的钱；第三类就是量化投资。我们来看看量化投资的革命先驱西蒙斯的年化收益率，其管理的大奖章基金自1988年成立以来平均年化收益率高达35%，其投资业绩远超巴菲特！他也因此征服了华尔街。

那么量化投资的赚钱逻辑是什么呢？其实，量化投资靠的是寻找短期错误定价，再通过完全的程序化交易来实现收益的不断累加。近两年，量化投资因其优异的策略表现吸引了国内市场的广泛关注。其实在海外，量化策略已经有50年的发展历史，是一种成熟的投资方式。

海内外量化的成长史

海外：占据投资领域的半壁江山

1969年，美国的爱德华·索普发明了科学股票市场系统，并和里根合伙成立了世界上第一只量化投资基金——可转换对冲合伙基金，后改名为普林斯顿-纽波特合伙基金，主要从事可转换债券的套利。这只基金创下了连续11年没有出现年内和季度亏损且持续跑赢标普指数的战绩,爱德华·索普被誉为量化投资的鼻祖。

1971年,美国巴克莱国际投资管理公司发行了第一只指数基金。从这只基金兴起开始,量化投资逐渐成为美国市场上非常重要的投资方法。

1988年,詹姆斯·西蒙斯成立了大奖章基金,从事多策略和高频交易。他们完全采用了数据驱动的方法,通过数据本身与严格的统计检验来预测趋势和形态,取得了惊人的收益,掀起了量化革命的高潮,并在2008年大部分对冲基金亏损的情况下,赚了80%的收益,合计25亿美元。西蒙斯——这位史上最伟大的对冲基金经理之一,在扬名华尔街之前是一位数学家,创办了美国文艺复兴科技公司,旗下最知名的大奖章基金自1988年成立到2009年,创造了35%的年化收益率,大幅跑赢巴菲特。基金的盈利策略——高频交易算法,主要通过开发数量分析模型来预测期货、股票、货币市场的超短期波动,捕捉微小的波动差,从而获得一个持续稳健的收益。这种策略与牛市、熊市的市场环境关系不大,这也是西蒙斯在金融危机时依然能大获全胜的原因。

自2011年以来,量化投资基金再次受到热捧,在海内外飞速发展。如表3-1所示,目前全球前十大对冲基金只有三家不做量化。其中,Bridgewater Associates、Man Group、Renaissance Technologies、Millennium Management、Citadel 5家头部量化对冲基金合计管理规模超过3600亿美元。

表 3-1　2022 年第二季度全球前十大对冲基金资管规模排名

单位：亿美元

排名	名称	资管规模	分类
1	Bridgewater Associates	1264.00	量化
2	Man Group	735.00	主观+量化
3	Renaissance Technologies	570.00	量化
4	Millennium Management	549.68	量化
5	Citadel	529.70	量化
6	D.E. Shaw Group	478.61	量化
7	Two Sigma Investments/advisers	409.69	量化
8	Davidson Kempner Capital Management	374.50	非量化
9	Farallon Capital Management	374.00	非量化
10	TCI Fund Management	362.00	非量化

资料来源：投资杂志《养老金与投资》（*Pension & Investments*）网站。

国内：波折中高速发展

聊完了海外，我们再来看看国内量化投资的发展历程。

2004年，第一只国内量化基金——华宝信托发行的"基金优选套利"诞生。2010年4月16日，中国第一个股指期货——沪深300股指期货（IF）合约挂牌上市，为早期量化投资提供了对冲工具。在此之后，量化在国内才开始发展，涌现出了量化选股策略、量化期权策略、量化对冲策略等多种策略。正是在这一时期，曾就职于海外量化对冲基金的精英们纷纷归国创业，如我们熟知的九坤、明汯等，自此正式开启了国内量化的全新篇章。

第一阶段的量化"盛宴"仅持续到2015年。2015年"股灾"之后，股指期货限制手数的同时提高了保证金，使量化超额变得异常难做，大浪淘沙下很多风控和实力不足的管理人销声匿迹。直到2018年，大盘全年跌幅超过20%，量化对冲策略由于剥离大盘指数 β 的影响，再加上当年有限的量化规模可以支持高换手策略，当年的表现在各大策略中可谓一枝独秀。经历了2015年之前的量化热潮，以及2018年的行业洗礼，最终有两家量化管理人在资管圈留下了它们的传说——"北九坤、南幻方"。

2019年至今，我国量化投资进入了高速发展的时代。根据中信证券金融工程团队测算，截至2021年第四季度，量化产品占证券类产品的比例约为25%，相比2018年的5%有了明显的提升。在这一阶段，量化策略也更加多元化、精细化、多策略、多频段。人工智能技术融合是这一时期量化的特征，大幅提升了因子挖掘和模型迭代的效率。近两年，随着量化的各种子策略大放异彩，其规模增长之快超出了想象。截至2022年底，百亿量化私募的数量已经达到近30家，但对比海外量化机构，国内量化交易占比仍然较小，且国内机构的管理规模尚小。早在两年前，全球排名前五的量化对冲基金，管理规模均已超过600亿美元。我们有理由相信这些量化精英、这些顶级的数理"天才"可以引领国内量化进入下一片蓝海！

那么，为什么量化策略如此受追捧？接下来我们就带大家打开量化投资的黑箱。

什么是量化投资

简单来说,量化投资就是利用一定的数理模型对投资策略进行量化,通过计算机来实现的一种投资过程。

我们在这里列举一个在量化投资中应用最广泛的模型——多因子选股模型。

变量的选择

因子就是一个可解释的变量。举个例子,你想买房,那么你看重的房子的价格会受到地理位置、周边环境、学区等因素的影响,每一个小的因素,对于房价来说都是一个因子。那么,对于股票来说,那些与股票价格密切相关的指标就是因子。

多因子模型,顾名思义,就是筛选出一系列能够较好地解释股票收益的因子,通过建立量化选股模型,最终得到一揽子股票组合的过程。以历史上比较著名的三因子模型Fama-French为例,这个模型通过对美股历史数据进行研究,认为股票回报率与上市公司的市值、市净率、市盈率这三个因素有关,那么就可以建立组合回报率与这几个因子的回归方程。

如何运用多因子模型选股呢?现实中,量化管理人的因子库往往覆盖成百上千个因子,要想最终选出的股票组合能贡献较好的阿尔法收益,对模型的输入变量——因子的质量要求非常高。比如,好的因子要满足逻辑清晰、经得起推敲、提取的都是有效信息等众多条件。一种是通过构建各个因子与股票收益率的回归模型,来预测每只股票的收益率,将这些收益率的预测值从高到低排序,选出预测值高的股票；另一种是打分法，即通过给各个因子赋予一定的权重，根据每只股票因子的大小为其打分，分数高的股票入选股票池。

那么现实中哪些因子可能成为选择股票的依据？这主要依赖于金融、经济逻辑和市场经验。这些因子可能是一些基本面的指标，比如，价值类因子，如PE、PB；成长类因子，如净资产收益率（ROE）、净利润增长率；规模类因子，如净利润、营业收入；情绪类因子，如预测未来12个月的利润增长率；质量类因子，如资产负债率、应收账款周转率；宏观环境类因子，如经济增长率、利率；行业环境类因子，如行业集中度；等等。同时包括一些市场表现因子，如动量和反转类因子、资金流向和各种技术类指标。另外，当前很多量化机构也会斥巨资购买一些另类数据，包括新闻舆情、电商销售数据等。

做好量化的硬件与软件要求

从上面的内容可以看出，量化投资除了需要有效的投资逻辑外，还要求工具有效（模型有效、数据准确、因子质量优质）。另外，量化投资对计算机技术的要求通常也是比较高的。这就解释了平时我们经常听到的好的量化管理人需要策略的不断迭代、研发的不断投入及高密度人才。

硬件就是我们通常所说的IT，这里包括策略回测的设备投入和交易的IT投入。前者投入越多，计算机算力越高，越能够减少回测时间，可能使因子回测从分钟级降至秒级，使策略回测从天级降至分钟级，提升整体策略研发和迭代的效率，这也是为什么近几年幻方、鸣石等管理人都在斥巨资建设超算中心。后者主要通过增加CPU硬件、与券商合作、购买先进的加速设备、接入专用的海外和境内的数据线路、专线直联等，降低交易延时，提高交易速度。在交易延时上，最慢的可能有数百毫秒，而最快的可能不到1毫秒。当交易量比较低的时候，速度成为抢单的唯一利器。头部公司的硬件投入每年是千万元到上亿元的量级。

软件也就是我们所说的人才。人才决定投研，投研决定策略，而策略决定最终的收益，只有一流的团队才能做出一流的业绩。这一点，拥有海外华尔街背景（Two Sigma、Virtu、KCG、Citadel等）以及国内知名私募从业背景的投研团队，相对来说比较占优，同时要保证投研团队的人员相对其规模来说是足够的。有远见的私募会保证自己的投研团队处于超配的状态，其实这也是公司盈利能力的体现，毕竟每年千万级甚至上亿级的分红奖金不是每个公司都能付得起的。

量化投资与主观投资：优势在哪里

相比较主观投资，量化投资真的有优势吗？答案是肯定的。其优势主要体现在以下三个方面。

第一，机器程序化，意味着在投资决策中能克服人性的弱点。在量化投资中，交易信号由模型给出，交易行为由计算机自动执行，这就克服了主观投资可能受情绪影响而做出非理性决策的弱点。

第二，计算机交易能提高投资效率。程序化交易避免了人工盯盘和人工买卖行为，大大提高投资效率，降低人工成本。

第三，风险管理更加动态化、标准化。很多量化投资策略会动态进行风险管理，如动态调整仓位，对风险的监控更加及时。风险管理相对于纯主观判断可能更有优势。

量化投资的策略

很多文章或者相关书籍，都会涉及量化策略的分类，有的分类方式甚至会涉及几十种子策略。由于本节是量化策略的入门章节，太详细的分法不但对我们没有帮助，还会增加我们的困惑。因此，我们侧重最主流的量化策略，将量化策略分为指数增强策略和量化对冲策略两大类。

指数增强策略

指数增强产品是指在对标某个指数的前提下，力求有超越指数的表现，如沪深300增强、中证500增强、中证1000增强。沪深300成分股市值相对较大，波动较小，不太适合以交易为主的量化策略，因此市面上沪深300指数增强的产品较少，中证500指数增强策略更为常见。

了解了指数增强产品的定义后，我们再来看看指数增强产品有哪些特点：

第一，通过一系列风控指标，使产品持仓结构与对标指数成分股结构的偏离度保持在一定范围内，以达到跟踪指数的目的；

第二，通过T0交易、选股、打新等方式，达到产品净值超越指数表现的目标，即"增强"效果。

从交易频次上看，近年来表现比较好的策略以高频量价因子为主。高频量价因子提供的超额曲线相对稳定，但是很容易遇到策略容量的瓶颈。未来随着量化规模的持续扩张，也许会有越来越多的管理人重视基本面因子的开发。即使是量价类因子，未来也会有降频趋势。

除了传统的指数增强策略，一些主流量化机构开始推出量化选股策略，即放开对标某个指数的风控限制，采用全市场选股的策略。从效果上来讲，近两年该策略的表现可圈可点，与主流主观投资管理人形成了较好的互补。

近两年的指数增强策略，特别是对标500指数和1000指数的策略表现非常亮眼，头部指增管理人的平均超额（跑赢指数的收益）可以达到20%。虽然随着市场有效性的提升，量化的超额收益会呈现下降趋势，但即使超额下降到10%、8%，叠加指数平均10%的年化收益率，拉长时间周期到10年甚至更长，这个收益水平依然可以跑赢80%以上的主动管理基金（统计数据显示，成立时间超过10年的基金，年化收益率能做到20%的非常少）。由此可见，指增策略的魅力所在就是那部分超额收益，只有超额收益显著且稳定，这样的管理人才具有核心竞争力。

了解了指增策略后，我们会面临一个问题，即无论是量化指增策略还是量化选股策略，都无法避免大盘波动带来的影响，那么量化策略中有没有风险较低、降低波动的策略呢？答案是肯定的。

量化对冲策略

1. 为什么量化对冲策略风险较低

因为量化对冲策略构建了"股票多头+股指期货空头"的组合，

空头端能够在完全对冲大盘下跌风险的同时,获得超额收益。我们将量化对冲策略进行拆解,具体由以下两个方面组成。

一方面是股票多头端,仓位在80%~85%。多头端策略就是我们上文提到的指数增强策略,一般来讲是中证500指数增强策略。因为国内主流对冲工具是股指期货,此前很长一段时间股指期货只有三个品种,即上证50、沪深300、中证500。在这三个指数中,量化策略最容易做出超额收益的是中证500指数,因此量化对冲策略多头端大部分是中证500指数增强策略。2022年上市的中证1000股指期货,未来有望成为和中证500重要性类似的品种。

另一方面是股指空头端,保证金规模在15%~20%。期货交易是杠杆交易,中证500股指期货交易所最低保证金比例为14%,即最大杠杆约7倍。那么理论上,15%~20%的期货保证金空头持仓可以完全对冲80%~85%的股票多头仓位。

2. 量化对冲策略适合什么样的投资人

作为一种绝对收益型策略,量化对冲策略回撤相对较低,收益适中,是一种偏稳健的投资策略,适合相对保守的投资人,或者可以将其作为资产配置中的一部分来平滑组合波动。但面向个人投资者开放的纯粹的量化对冲策略产品并不多,尤其是一些知名机构的此类产品基本都已经封盘。

作为补充,很多主流量化私募纷纷推出了灵活对冲类策略,即空头端并不完全对冲大盘风险,而是留有一定的风险敞口。这类策略的风险及收益均大于完全对冲策略,可以作为完全对冲策略较好的替代品。我们以知名管理人九坤投资的股票多空策略（灵活对冲）为例。这个产品的风险敞口在10%~90%，即市场大幅上涨时，保留绝大部分股票多头，使得多空策略基金跟随市场上涨；而市场大幅下跌时，又可以用股指空头对冲绝大部分的多头仓位，此时类似于一个完全对冲产品。但市场上做股票多空策略的管理人并不多，主要是由于该策略对管理人的要求极高，既要有创造超额收益的能力，又要具备股指对冲端的择时能力。对于这个策略我们后续不进行深入讨论。

选择量化产品的原则

筛选量化管理人，我们依旧遵循十二字原则：长期净值、业绩归因和人格认知。

长期净值

我们要关注基金长期的业绩水平，理论上这个期限肯定越长越好，但市场上很多量化指增、量化选股产品是在2020年之后成立的。那么，我们起码要选择一个完整的时间周期，如从2021年开始，至少经历了三次市场风格切换，分别是：2021年5—9月，小票行情下量化指增表现极其出众；2021年9月到2022年4月，市场因素导致量化超额非常难做；2022年5月以来的指增策略集体反弹。我们在考察一家量化管理人的时候，选择的时间维度要能覆盖多个市场周期，特别是在极端行情下，往往最能看出管理人的风控能力、策略风格等。如果一家管理人在各个市场环境下的策略表现均能排在中上游的水平，那么这家管理人是应该被纳入关注对象的。

下面我们谈一谈量化常用的评价指标。收益指标方面,我们主要考察长期收益,特别是超额收益。超额收益的衡量标准:一方面要长期处于行业的中上游位置,另一方面超额的稳定性要好。我们可以通过超额最大回撤来考察超额的稳定性,一般来说,超额最大回撤可以控制在5%以下,证明超额的稳定性是比较好的。风险指标方面,我们可以关注回撤控制水平,以及夏普比率和超额夏普比率。这两个指标都是越大越好。其中超额夏普比率代表量化管理人稳定跑赢指数部分收益的能力,是管理人研究能力的体现,这个指标综合考察了量化管理人的超额获取能力及超额的稳定性。

业绩归因

首先,我们不能仅针对短周期进行业绩归因,还要选择较长的一段时间,而这段时间又包含上文所说的不同的市场周期。我们要针对每段市场周期下管理人的表现分别进行业绩归因,如考察市场环境整体很好和很差的情况下它的表现,市场开始反弹后它的表现,等等。比如一家量化机构,短期业绩表现非常优秀,但市场变差后其表现就一落千丈,超额为负,那么有一定的可能是因为管理人过度暴露了风险敞口,使得短期表现极其优异。但这种短期的优越表现是无法持续的,简单来说就是这次赌对了。市场风格择时是所有管理人的难题,如果下次赌错了,可能会面临更大的风险。我们通过业绩归因要达到的目的,就是找出真正扎实做投研从而具备长期稳定的阿尔法能力的量化管理人。另外,通过一些极端行情下的分析,往往最能看出管理人的风控能力、策略风格。

比如，稳博投资在2022年1000量化指增策略的表现中处于第一梯队，其产品在2021年7月到2022年3月这8个月的超额收益比较平，表现一般，而2022年3月以后，其超额上涨明显。我们从管理人的公开路演中得知，稳博投资的指增策略最早是复制"指数+T0"策略，在2021年9月前的策略中，基本面和量价因子基本上各占一半，七八月募集后封盘了。2021年第四季度进行了一次迭代后，量价占比提高到70%，基本面占30%左右。而2021年二三月，稳博投资又进行了一次迭代，增加了策略逻辑，底层加入获取机构调仓等行为的逻辑，同时加入因子拥挤度管控的逻辑。目前来看，策略有效性明显提高，对机构行为的捕获也得到加强。策略迭代后，超额得到明显改善。综上所述，通过业绩归因，我们对管理人的超额来源有了更清晰、全面的认知。

人格认知

首先，要看团队是否有高密度人才，这里指的是团队的核心投研规模是否可以覆盖其管理规模。比如白鹭这家机构，2022年规模刚突破百亿元，但投研人员的数量在70人左右，这个人数所能匹配的管理规模远超其当前的管理规模。

其次，策略核心人物的履历非常重要。量化团队的核心投研人员普遍有顶尖的理工科学术背景，这里我们可以更多地关注其从业履历，如是否有丰富的海内外知名自营机构或头部资管机构的从业和交易经验。

最后，对管理人规模进行考量。这里强调两点。一是对比主观多头管理人，规模对量化管理人业绩表现的敏感度更大，而且对规模偏小的量化机构影响更大。比如，一个规模从30亿元增长到100亿元的机构，我们短期内其实并不知道它的策略能否跟得上其规模的增长。特别是如果管理人规模比较小的时候，超额大部分是通过高频量价因子贡献的，那么这种情况下规模迅速上升后更需要额外关注；反之，规模因素对规模大的机构影响相对较小。二是规模较大的管理人通常在投研和IT建设方面投入极大，这就为策略的迭代优化提供了必要条件。比如，一家量化机构在200亿元规模的时候能够实现非常好且稳定的超额，那么，从200亿元到300亿元，甚至从300亿元到500亿元，超额可能随着规模的增加而下降，但不会下降很多，是可控的。

但要注意的是，一定要选择当前规模远低于策略容量上限的机构。而对于规模攀升到500亿元的机构，我们可以给予其一定的观察期。比如大家熟知的明汯，曾经因募资节奏太快（规模一度超过1000亿元）而出现超额明显下滑的情况。好在明汯之后用实力证明了自己可以驾驭这个规模，并跑出不错的业绩。相反，对于一家规模比较小的机构，我们并不知道它的能力圈到底能覆盖多大的规模，仅凭借短期亮眼的业绩就选择它是非常危险的。

华尔街归来：量化精英本土实践的黄金十年

上一节我们提到的"北九坤，南幻方"，以及量化"四大天王"，即使在百亿量化已经近40家、量化私募竞争如此"惨烈"的今天，它们依然占据着国内第一梯队的位置。这些量化团队的灵魂人物大多贴着海归派或学术派、顶级名校、理工学神、IT极客等标签，很多团队的创始人甚至是曾经的物理学家、数学家。比如，启林投资的创始人王鸿勇博士是国内物理学等离子体研究领域的专家，鸣石投资的袁宇是国内行为金融学领域的翘楚。本节就让我们揭开量化的面纱，看一看这些推动国内量化投资高速发展的卓越人才，创建了怎样的量化世界？在量化进入国内的这些年，除了顶流管理人，还有哪些迅速崛起的新生代？

2008年国际金融危机之后，美国华尔街量化投资团队的人才陆续回国发展，这些海归派精英包括九坤投资王琛、诚奇资产何文奇、明汯投资裘慧明、灵均投资马志宇等。他们大多曾供职于海外顶级对冲基金世坤投资（WorldQuant）、千禧年基金（Millennium）、Two Sigma，并积累了丰富的策略研发经验。在2010年沪深300股指期货正式上市之后，以九坤、明汯为代表的量化顶流们纷纷归国，国内量化的1.0时代就此开启。

国内量化圈那些举足轻重的顶流

九坤投资

九坤投资由同在世坤投资工作的王琛及姚齐聪创建。世坤投资堪称国内量化核心圈的"黄埔军校"。它的策略开发模式,现已成为国内量化私募三种最常见的经营模式之一。

2012年,九坤投资成立。当时股指期货刚推出不久,再加上本来两位创始人在世坤投资积累了一定的策略开发经验,只要运用一些简单的量化策略就能赚到第一桶金。九坤投资成立初期以自营投资为主,并没有对外进行募资。

2016年以后,量化行业大浪淘沙,很多风控能力不足的管理人销声匿迹。而九坤投资经过了几年的沉淀,累积了不少产品及策略储备,开始向资管转型。九坤投资初期主要推出量化对冲及CTA策略,之后补充了量化多头策略。自此,九坤投资基本覆盖了量化策略主流的产品线。伴随着2016年黑色系的高波动行情,九坤投资的CTA策略一举成名。

2018年,九坤投资依靠团队积累多年的高频经验,旗下的量化对冲策略产品表现出色。在主流股票策略纷纷折戟的行情下,九坤投资一举成名,至此奠定了国内头部量化私募的地位。

幻方量化

如果说九坤投资是国际派的一个代表,那么与它齐名的幻方量化则是本土派的代表之一。幻方量化创始合伙人徐进,浙江大学竺可桢学院混合班学士，信息处理专业博士。徐进在本科期间已经尝试创业，曾任多家科技公司的技术总监。后来他从事量化交易获取了丰厚回报，于2015年与人合伙创立幻方量化。

关于幻方量化，不得不提它是第一家把人工智能技术引入量化投资的机构，也是一家完全依靠人工智能进行投资的对冲基金。它的萤火系列超级计算机有效提升了因子暴力挖掘过程中的算力，其中2021年交付的"萤火二号"是全球算力最强大的AI超算之一。

国内量化发展了多年，高频因子在量化行业初始期尚能在策略中占到较高比重，一旦整体量化规模上升后，受制于策略容量上限，占比会迅速下降，这时候一些头部管理人就需要在挖掘基本面因子上进行深耕。2015年左右，幻方量化就开始布局研发基本面因子，在2020年基本面策略为它贡献了很多收益。在未来降频相对确定的趋势中，幻方量化对基本面因子的研发会让其策略保持一定的竞争力。此外，超级计算机的投入使用，也会让幻方量化更快地挖掘出一些独特因子。

当然，量化策略的一个非常重要的瓶颈就是规模。对于幻方量化来讲，规模对其超额获取的制约会比较明显，是一个较大的考验。

明汯投资

除了上述两家当年名声在外的管理人以外，早期成立的管理人中还有一家不得不提——明汯投资。

明汯投资成立于2014年，创始人裘慧明，宾夕法尼亚大学物理学博士，曾在多家知名海外投资机构任职投资经理。2015年，明汯投资发行了第一只股票类产品，2015年下半年的惨烈行情并未对这只产品产生较大影响，到2015年底时净值甚至创出新高。

2018年，明汯投资迎来了谢环宇的重磅加盟。这位被誉为智商逆商双在线的"少年英才"，是全球知名量化对冲基金Citadel Securities在国内招聘的第一位本科生。他加盟明汯投资后，带领团队将策略开发由原先的人工模式进化成机器学习。2018年底，明汯投资的新模型全面上线，在因子开发上基本做到逻辑和周期全覆盖。明汯投资也成为国内首家管理规模突破500亿元的量化机构，奠定了国内量化私募的巨头地位。

2020年底到2021年初，明汯投资由于募资节奏较快，遇到了规模瓶颈的挑战。但随着主动控制规模和上线新模型，明汯投资的超额恢复以往水准。谢环宇曾公开表示："不要浪费每一次回撤，深刻的教训会带来无法取代的启示和思考。"明汯投资重新用实力证明了自己第一梯队的位置。

其他量化私募还包括金锝资产、灵均投资，它们各具特色，目前在量化领域第一梯队均占有一席之地。

2019年以后，公募转融通业务开闸，两融标的扩充到1600只，加之场外衍生品的迅速发展，国内量化私募迎来了新一轮的大发展。2018年底到2021年底，量化私募产品占所有私募产品的比例从3.27%提升到17.30%左右。

这期间，很多特色管理人借助量化大年及多年的策略储备积累，进入了众多投资人的视野，规模得到了显著提升。我们称这些成立时间较早,规模在100亿~500亿元,凭借自身实力成为国内量化中流砥柱的管理人为"中生代"。

崛起的量化中生代们

因诺资产

因诺资产的"因诺"(INNO),意为不断创新。因诺的创始人徐书楠曾说:"作为量化私募基金管理人,只有不断地创新迭代、不断开发新策略,才能保持竞争力,持续为投资人创造回报。"

因诺资产是一家老牌的量化管理人,成立于2014年9月。创始人徐书楠在清华大学学分绩点位列年级第一,之后取得了美国麻省理工学院硕士学位,先后在国际对冲基金IMC、券商自营担任投资经理,2014年创办因诺资产。

因诺资产的优势在于它是国内最早一批将人工智能与量化交易相结合的管理人。在传统量化多因子时代,因诺资产已经布局人工智能模型体系了。也基于此,因诺资产的策略的超额收益与其他机构相比有一定的独特性。

人工智能相较于传统的多因子模型,可以对大数据进行高效分析和快速迭代,更擅长处理非线性的关系,对样本外的数据的预测准确性更高。当前,很多头部量化机构都在积极布局人工智能领域。

启林投资

启林投资的创始人王鸿勇博士是一位物理学家,专注于等离子体研究。他曾在物理领域国际最顶尖期刊 Physical Review Letters 发表3篇权威学术论文，在其他SCI高水平杂志上累计发表文章20余篇。在德国亥姆霍兹研究所攻读博士后期间，王鸿勇所做的物理研究需要处理大量数据，这也为他后来走上量化私募的道路奠定了基础。启林投资于2015年创立，"筚路蓝缕，以启山林"，启林投资的名字出自《左传》，用来提醒他创业过程的艰辛。

启林投资最大的特点是持续高效的策略迭代能力。启林投资从2016年的日线级别数据，到2017年Tick级别数据，到2018年引入算法交易和非线性多因子，再到2019年机器学习上架等，始终不断地进行研发和策略迭代，从而保持超额收益的稳定性。王鸿勇曾在采访中说："启林在跑的产品中，使用的策略已经达到了上百个，所以任何一个策略的失效或表现较差，都不会对整体有很大的影响。"

全频段多信号融合是启林投资的一大特色。启林投研分为高、中、低频策略组，涉及量价类短周期预测、基本面类长周期预测、事件驱动类预测等。最终由策略团队将不同频段、不同类型的因子统一糅合，形成交易信号，实现"1+1>2"的效果并应用到实盘。

通过多年的策略积累以及优秀的策略表现，启林投资在2021年第一季度规模突破百亿元，被众多投资者熟知并认可。

除此之外，中生代们还包括天演、宽投、聚宽、鸣石、金戈量锐等。我们知道在量化领域，竞争非常激烈甚至残酷，而这些管理人依然可以凭借自身的特色和优势在量化舞台占有一席之地。

除了这些顶流和中生代，在2019—2020年股票量化产品总体表现比较理想的阶段，有一些量化创始人，之前就在老牌量化机构中担任灵魂人物，拥有多年的量化策略研发经验及优异的实盘表现，在业内积累了一定的知名度。这些量化"大佬"借助势如破竹的量化大年迅速创立了自己的团队，如衍复投资和星阔投资。我们称这些成立时间较短，却能凭借自身实力迅速在量化圈崛起的管理人为新生代管理人。

奋起直追的量化新生代们

衍复投资

以高亢在量化的江湖地位来讲，衍复投资与那些顶流管理人相比也不遑多让。衍复投资创始人高亢保送北大，后取得麻省理工学院物理和计算机双学位，曾在DRW Trading、Two Sigma先后任职，回国后以合伙人身份加入锐天投资。值得一提的是，锐天投资当年盛极一时，与九坤投资、幻方量化、致诚卓远并列为量化的"四大天王"。2019年，高亢创立衍复投资，仅一年时间，规模就突破了百亿元，是规模突破百亿元最快的量化管理人之一。

衍复投资是市场上较为稀缺的擅长中低频策略的量化管理人，其能力圈也体现在中低频策略。我们知道当前市场上的量化机构依然以中高频为主，高频量价因子同质化问题比较严重，而中低频的量价因子、基本面因子的同质化程度较低。衍复投资在因子上的优势主要体现在这里，在中低频领域各家机构策略的相关性不高，相对来说策略拥挤度也较低。

衍复投资在实盘中始终不断地更新迭代模型，以应对不同的市场环境，自成立以来一直以稳定的超额和回撤控制受到市场关注。

星阔投资

星阔投资虽然是一家新兴量化管理人，但是创始人邓剑已经有多年的策略研发经验。之前他在因诺资产做到了策略总监级别，主要负责多因子策略的研发，2020年创立了星阔投资。凭借之前的策略表现以及市场知名度，星阔投资成立当年规模就在40亿元左右。

2021年，星阔投资指增超额表现亮眼，仅成立一年就做出了市场上非常领先的23%的超额收益，算得上是当年所有指增策略中最大的一匹黑马。

星阔投资的超额收益主要来源于选股策略，辅助交易策略。目前，星阔投资刚刚落地千万级别的超算中心，服务星阔投资在策略端的迭代，迭代周期由之前的3~4个月提升为1~2个月。超算中心的落地，也有助于星阔投资在市场行情极具变化的情况下能够在策略上更快地调整和应对。

卓识投资

上文提到的衍复投资和星阔投资，成立之初就备受市场瞩目。而有一些量化机构，是早年就开始涉足量化策略，近两年才开始大力发展资管，凭借多年储备一鸣惊人的可畏后生们，如卓识投资、朋锦仲阳。

卓识投资创始人张卓的背景在目前精英云集的量化领域也毫不逊色。他是清华大学电子工程系学士，普林斯顿大学电子工程系博士，主攻人工智能与机器学习方向。张卓学生生涯就获得了清华大学特等奖学金第一名（清华最高荣誉）、高盛全球领导者奖学金，曾在美国顶尖高频自营机构骑士资本任职自营交易期货部量化策略师。

高频自营机构对盈利稳定性的要求比资管机构更高。张卓在骑士资本独立开发了年化收益率超过200%、夏普比率大于10的策略。张卓把国外顶尖高频策略开发的经验引入A股市场，回国创办了卓识投资，做出了具有自己独特优势的指增策略。

2021年9月到2022年5月，在持续半年多时间的500指增策略调整的行情里，卓识投资的超额回撤表现比较优秀，在全市场处于顶尖水平。

卓识投资指增代表产品成立以来，无论是超额的最大回撤、超额的周胜率还是超额的波动，都处在市场领先位置。因此，卓识投资的一大特色就是在不同的市场环境下都可以表现出超额稳定性。另外，卓识投资的低延时交易速度在行业中位列前五，使得其在交易过程中比同频的管理人有更大的优势。

朋锦仲阳

朋锦仲阳是一家相对小众的管理人，之前的办公地点在成都，直到2021年才新建了上海总部。这家成立于2014年的管理人一直比较低调，近两年才开始注重市场推广。这家管理人虽然小众，但是独具特色。

朋锦仲阳早期以期货交易策略起家，2017年加入股票策略，产品线逐渐完备。2018年推出首只市场中性产品。受益于其严谨的风控约束，朋锦仲阳的中性策略回撤水平处于市场领先水平。

朋锦仲阳的指增代表产品成立于2019年，成立到现在策略不断开发迭代，从最初的以量价因子为主，到现在量化、基本面、事件驱动全方面覆盖；从最初的线性因子构造，到现在的基于机器学习、神经网络等非线性因子构造。朋锦仲阳每年都会投入大量资金在软硬件系统的搭建上。

2021年底，朋锦仲阳迎来重磅合伙人孙博的加入。孙博是世界知名高频自营交易商Virtu Financial的创始合伙人，全球首席策略师。长期以来，高频做市交易领域里，Virtu Financial算是最头部的公司之一，曾创造1000多个交易日里只有一天亏损的纪录。作为Virtu Financial的策略核心人员，孙博的加盟能为朋锦仲阳的策略条线提供更多的支持。从效果上看，自2022年以来，朋锦仲阳的超额水平也确实位于市场前列。

除此之外，凡二资本、世纪前沿等机构，也都经历了多年量化投资及高频自营交易，近些年开始进军资管，凭借自身多年的储备积累也有不俗的表现。

我们总结了量化领域的代表人物，通过他们的背景经历和交易特点,读者朋友可以更有针对性地研究管理人的风格(见表3-2)。

表 3-2 量化策略的代表人物及特点

分类	私募	代表人物	背景经历	特点
量化顶流	九坤投资	王琛、姚齐聪	海归—世坤	高频经验丰富,覆盖主流产品线,量化对冲策略产品表现突出
	幻方量化	徐进	本土派	第一家把人工智能技术引入量化投资的机构,注重算力投入和因子挖掘
	明汯投资	裘慧明、谢环宇	海归—Citadel Securities	因子开发注重逻辑,全周期覆盖
量化中生代	因诺资产	徐书楠	海归—IMC	人工智能模型成熟,对大数据进行高效分析和快速迭代,更擅长处理非线性的关系
	启林投资	王鸿勇	海归	持续高效的策略迭代能力,全频段多信号融合
量化新生代	衍复投资	高亢	海归—Two Sigma	擅长中低频策略,与其他机构策略相关性不高,超额稳定,风控严格
	星阔投资	邓剑	本土派	收益主要来源于选股策略,辅助交易策略
	卓识投资	张卓	海归—骑士资本	擅长高频,全频段覆盖,超额稳定
	朋锦仲阳	孙博、贺方毅、宫鹏	海归—Virtu Financial	风控严格,中性策略突出,超额稳定

顶流还是新生代：你该怎么选

目前，国内市场仍然具有高波动特征，中高频的量化因子还有一定的施展空间，并且指增产品在未来的一段时间依然会有相对稳定的超额贡献。那么，回到产品选择上，我们到底是该选择量化顶流们还是规模适中的新生代管理人呢？

第一，无论是哪个规模的量化管理人，都要满足我们在上一节"选择量化产品的原则"部分提到的三个标准：长期净值、业绩归因、人格认知。只有在这三个方面均表现出长期竞争力的机构，才可以进入我们的筛选视野。

第二，对于规模500亿元以上的量化顶流管理人（九坤投资、幻方量化、灵均投资、明汯投资），我们不能得出一定选或者不选的结论，但规模比较大的管理人，在超额获取上难度确实更大。我们以幻方量化为例，统计自2020年初以来旗下500指增产品的历史表现，就会明显看出在2021年9月市场急速反转之前，幻方量化的超额一直处在市场比较靠前的位置，但在这波大幅调整中，幻方量化的表现并不理想。反观明汯投资，在2021年初同样遭遇规模瓶颈，但经过2021年的"控制规模+策略迭代升级"后，这一年来的表现还是可圈可点的。所以，投资人如果选择这些规模较大的顶流管理人，则需要更长的观察和评估时间，难度相对较大。

第三，规模150亿~400亿元的中生代管理人的优势往往在于策略已经相对成熟和稳定（经过了多次规模扩张下的策略更新迭代），投研实力较强。对于这部分由我们筛选出的超额长期稳定的机构，需要密切关注其规模是否远低于其策略容量，另外就是募集资金的节奏。

第四，对于规模50亿~150亿元的成长空间比较大的管理人，要重点考察其当前的策略能否跟得上规模的增长。比如，一家主要靠高频量价因子贡献全部超额的机构，其策略的容量上限可能只有100亿元左右，如果当前的规模为80亿元，我们就要保持警惕，考察其后续是否上线新策略及新策略是否有效。当然，如果经过考察，其投研实力远大于当前的管理规模且风控能力很强，如一家规模150亿元上限容量的机构，当前规模仅有50亿元，那么对于这样确实有潜力的黑马私募，我们可以给予更多的关注。

第五，规模50亿元以下的量化管理人往往成立时间不长，很难判断其短期业绩是否"昙花一现"，也很难考察其能力边界可以覆盖的管理规模，所以不建议投资人盲目进行选择。

总结以下两点。首先，量化是一种投资方法，它的有效性已经被充分验证，如美国前十大对冲基金大部分是量化机构。其次，随着未来量化市场的扩容、市场有效性的提升，只有真正有投研实力的机构才能做出有竞争力的超额收益。比如，保证策略的表现长期稳定，做到全频段覆盖，中低频策略的质量足够高，高频的水平足够好，等等。当前，很多百亿私募已经做到全频段覆盖，如启林投资、诚奇资产等。而很多非常擅长高频和T0交易的机构也在升级策略，逐渐从高频拓展至中低频,如世纪前沿、念空、卓识等。那么,我们如何筛选出能够创造长期稳定超额的量化管理人?简单来说,就是上文讲解的几个维度:人格认知、长期净值、业绩归因、风控管理,还要考虑规模因素,寻找那些真正在策略的广度和深度上都做得比较好的管理人。

实践　认知

随着投资人逐渐对量化建立信仰，
越来越多的产品会向没有指数对标的量化多头类产品偏移，
量化和主观的界限会越来越模糊，
这是一个大的发展方向。

思勰吴家麒：用最优秀的人去做最优秀的事情

在量化3.0时代，思勰从一颗冉冉升起的新星，成为既有实力又有潜力的中坚力量。凭借亮眼的超额收益，思勰产品一票难求。而到了2021年下半年，就在其他量化管理人热火朝天地募资时，思勰却停掉了自己在券商渠道的代销，因为它认为当时市场点位已高，对于投资者来说不适合买入。对思勰来说，规模与业绩从来都不是KPI，而是把人招对、把事做好，做到极致后自然而然的结果。

我是学数学出身，但读书时就开始"搞钱"

我和合伙人陈磐颖是高中同学，都就读于复旦附中，从小开始参加竞赛。2000年高中毕业，我去了复旦数学系，陈磐颖去了北大物理系，再之后我在复旦直升研究生。

在我们的同学中，我见识过最厉害的竞赛生是什么样子的，如高中同学里有数学国家队的、有获计算机国际奥赛金牌的，包括大学时的一些同学也非常厉害，所以我比较早地就认识到，如果直接"卷"学术，可能"卷"不过他们。

所以我在本科、研究生期间，做的也不是"纯数学"的东西。什么是"纯数学"的东西？就是与生活实际应用没有太多关联的东西，如哥德巴赫猜想。本科期间我学的是偏"数学模型"方向。所谓"数学模型",就是把一个应用问题转化成一个数学问题,用数学问题去解决这个应用问题。

就学数理出身这点,可能我与其他量化管理人相比并无不同,而我在读书时就显露出一些商业敏感度,这是我觉得自己与他们的不同之处。以前我们读书的时候住校,学校的校内网是很快的,但要连接外网只能靠拨号上网,费用很高。当时我自己在学校装了一个宽带,给同学们开代理服务器,也就是他们可以通过我的宽带上外网。我对每个人收费10元/月,而宽带的办理费用大概100元/月,再加上电费大概100元/月,即我的成本是200元/月,这样我只要有20个顾客就回本了。实际情况是,我代理了100多人,每个月都可以赚1000多元。要知道当时这对一个大学生来说,是一个很可观的数字,它覆盖了我研究生时所有的生活费、学费,还有一些其他费用。

毕业8年后我回到了梦开始的地方

我是2007年毕业的,当时运气比较好,赶上中国A股大牛市,金融行业特别火。我有幸得到一家私募公司老板的赏识,误打误撞进入了金融行业。凭借数学底子好,我开始做一些偏商品期货套利的工作,即做一些模型。

2009年,我跳槽去一家券商做投资。工作之余,我一直在思考个人优势。我觉得做主观类金融投资比较厉害的,一般有两类人:一类是在金融、经济方面有强大的专业背景,另一类是依靠自己的圈层。我在这两方面都没什么特殊优势,那我的优势在哪里?比较突出的,好像只有数学比别人好一点，于是当时我就想着要去做量化方面的工作。而那个时候国内量化还没有真正发展起来，也没有太多的量化公司，所以我只能曲线救国。

我先去了一家做数据的公司——恒生聚源。它是国内最大的金融科技公司恒生电子旗下的子公司，我是公司所有产品线的负责人。量化的背后是数据，所以在强大的数据公司中，我能看到内核：这些数据是怎么产生的，它们背后的逻辑关系是怎么样的。加上自己的数学优势，我对数据的理解和敏感度进一步加深，这对我们后面做策略非常有帮助。

在恒生聚源工作了几年以后，我意识到中国量化的机会来了！当时是在2013—2014年左右，我觉得自己要重新回到金融行业。直接从零到一做量化私募吗？似乎为时尚早，所以我沿着做量化"乙方"的思路，继续向前迈了一步，去一家卖方研究所做金融工程。

一年之后有个契机，是跟我现在的合伙人李苏苏有一个合作的机会。他们当时要搭建量化团队，而我手头累积了一些策略，大家一拍即合。等李苏苏从美国回来，我们就在一起搭伙，一段时间之后陈磐颖回国，我们三个人就一起成立了思勰这家私募公司。

思勰成立以后，我更多地把重心放在公司管理上，把策略交给陈磐颖。原因很简单，因为陈磐颖和我是高中同学，他成绩比我好，我相信他做策略比我做会更好一些，所以我很放心地把策略交给了他。就这样，我们三个人走到了一起，然后一直走到现在。

从20平方米到2300平方米，思勰的发展比预想中的好一些

思勰的整体发展相对来说还是比较平稳的，我经常会拿我们的办公地点作为标志性节点来看。这与我们的发展理念也有关系，首先我们肯定希望管理规模比较大，而扩大规模的前提是要有能够支撑较大规模的策略，做出策略的前提是要有优秀的人才团队，有团队的前提是招人，继而需要扩大办公室容量。

2016年，公司刚成立的时候，我们在一个共享办公室，不到20平方米。一间房被我们分成了两间，一间办公，另一间睡觉和放电脑。一年后，我们搬去了一个将近200平方米的房子，是一个顶层，我们占了1/3。再过了一年多，我们租了一个700平方米的房子，是一个标准写字楼的半层，搬过去的时候公司也就十几个人，但很快就不够坐了。

于是2021年，我们来到了现在这个办公室，大概2300平方米。搬过来的时候公司大概40人，当时我们还在开玩笑，我们应该是人均办公面积（接近60平方米）最大的私募之一了。其实每次换到更大的办公室，我们都感到压力很大，因为租了大办公室就要招人，招人就会增加一堆成本。结果在这里，我们也只用了一年半的时间就又坐满了，所以现在我们又在扩租办公室，在楼下新租了半层左右的位置。

从办公室的变化可以看到，思勰在一步一个脚印式地发展。我们并不属于那种跳跃式的发展，好像有钱了就要租一个很大、很奢华的

看好机器决策，选量化策略　第 3 章

办公室，而是有一定的规划。同时，市场的变化常常会超出我们的预期，每次换办公室的时候都觉得在一定时间足够了，结果公司发展、人员招聘情况都比我们想象的好一些。

这几年，我们一直在控制规模的增长。思勰是较早在国内做日内CTA的公司，虽然频率越高收益越稳健，但对应的规模容量也越小。2019年以后，在市场上投资者基本看不到思勰卖纯CTA产品了，是因为我们封闭了这条产品线。这也是考虑到规模的影响，并不是我们从市场上募集不到资金，而是我们主动进行这样的调整和优化。

在指增上更是这样，2021年下半年，我们主动停掉了跟所有券商代销的指增。因为我们觉得对客户来说，虽然买指增产品关注的是超额，但从实际投资感受来说，还是绝对收益。如果大盘跌40%，即使我们有20%的超额，客户还是亏20%，所以买指增的点位很重要。2021年下半年，我们觉得市场有一定的风险，因此停掉了市场上的指增代销。

2022年，市场跌下来以后，思勰成为指数类产品"嗓门最大"的管理人。因为我们觉得市场跌下来了，机会更好了，甚至我们在2022年两次市场最低点都勇于发声。第一次是我们开了一个电话会议，跟全市场说指增是最值得关注的产品，开完电话会议后的第二周指数就见底了。第二次是我们在市场最低点时，发了一个自购公告，两次都是在最低点。平时我们可能没有什么声音，但在这种关键点位，我们还是能给市场输出声音和想法的。从某种意义上来说，这也是对客户

负责和控制规模的一部分。

现在我们在代销渠道，无论是三方、银行还是券商代销的产品，除了有些时间太短还没有到封闭期的产品可能有些浮亏之外，大部分过了封闭期的代销类产品，净值都在水面以上，没有给客户亏钱。无论是做绝对收益还是做指数增强，都跟我们选择在什么样的时点发产品有较大的关系，特别是对受市场环境影响波动增强的产品来说，这件事情就尤其重要。

我希望公司未来能成为受人尊敬的企业、让员工有荣誉感的企业，希望未来员工能因在思勰工作而感到光荣，客户因在思勰投资产品而赚到钱，这是我们的使命。

我们始终坚持追求极致，做到最好

我们团队做事的理念是追求极致，无论是招人还是做事，我们都希望做到最好。举个例子，很多量化管理人会觉得，我们在Quant和IT方面比较厉害，但其实思勰在各个环节的投入都非常大。我们现在负责招聘的招聘总监，是之前Jump Trading的中国招聘负责人，而Jump Trading是全球较好的自营对冲基金之一。为什么我们付出了很大的代价和成本去招一个负责招聘的人呢？因为他能把我们团队的人员素质整体提升起来。为保持独立性和建立人才梯队，思勰有较大比例的自主培养的团队。这就需要在起步时独具慧眼和经验，把最适合的好苗子吸收进来。

能取得今天这个成绩，核心都是人，所以我们希望用最优秀的人去做最优秀的事情，这是我们的理念。当然，另外一个同等重要的理念是控制风险。思勰可能给别人的一个印象是在公司运营、策略运营上都相对稳健，而不是突然爆发，这也是我们的理念和特点。

我们现在的员工主要分成两类。一类是我们培养的非常优秀的应届生，极少有一年工作经验，一般经验不会特别多，然后我们慢慢培养，现在至少有两个产品经理（PM）都是我们这么多年自主培养的，在挑大梁。

另一类是有出色背景和经验的员工，但一般不是在国内同行的经验，而是在海外对冲基金的经验。我们认同海外规模较大的对冲基金的框架体系，也更认同它们培养的人和看东西的视野、做事情的方法，所以我们也会吸引在海外有成熟经验的人加盟。与其他管理人不同的是，思勰很少挖国内同行的成熟的人，当然思勰的人也极少出去，这样正向循环下来，我们团队的稳定性尤其好。

我觉得其中有几点很重要。首先，钱的激励是根本，只讲情怀是不行的。其次，要尊重大家、平等地对待大家，提供良好的福利。最典型的例子，在我们公司陈磐颖就坐在外面和大家一起办公做策略。最后，公司要不断壮大。福利再好，公司如果走下坡路，也留不住人才。所以既要让团队感受到公司蒸蒸日上，又要用企业文化感染大家，让每个人都在其中成长，形成动态平衡，这样员工就更愿意留下来。

追求极致的另外一个体现，是我们内部一直非常注重风控。风控一般分事前、事中、事后。

第一，事前风控。所谓事前风控是指策略本身在做策略和回测过程中会把一些风险点考虑进去。我们对外发的产品，自己会测算这些产品的波动率，以控制产品的波动率和投资的分散性。另外，要考虑市场的流动性，如极端情况下一天能否把我们今天所有的仓位清空，最后给出来的策略组合就可以满足我们对风险性的要求了。

第二，事中风控。因为在实施交易的过程中还会遇到很多风险，如今天行情断了、明天行情错了、后天交易系统断了等，所以我们会有一支专门的队伍实时监控大盘中的各种风险，如果出现意料之外的风险，他们要进行及时处理。

第三，事后分析。事后分析有两种：一种是我们对已经成熟的交易要不断复盘，看我们当时设的风险对不对，有没有遇到一些额外的风险等；另一种是我们要对突如其来的意外风险采取防范措施，要有处理的方式，甚至要有预案。

在一定的风险控制下为客户谋取最大利益

我们产品的特征主要体现在两个方面。

第一，整个指增的超额受市场风格的影响比较小，这个特征也会导致一个问题，那就是与其他同业的相关性不是那么高，因为很多管理人是通过一定程度的暴露小票、暴露Momentum（动量）、暴露低流动性等来追求收益的，而思勰不太愿意暴露这些，这是不同于其他管理人的地方。

第二，有不少基本面的量化和另类数据的量化，它会使我们整个产品超额的波动稍微大一些，但也不是最高的，大概处于8%的波动率水平。我们理解，既然客户买了指增，意味着他有承担指数波动性的预期，进而不会一味地追求非常稳定的超额；反之，如果追求超额的稳定性，还不如买股指期货，所以我们的指增是在一定的风险控制下为客户谋取最大的利益，这是我们的目标。

思勰在投研方面的投入也是非常大的，目前整个公司的投研人员大概有40人。我们的管理规模并不大，也就100多亿元，从单位资产配备的研究员比例来说，我们是相当高的。

具体到指增这条线，我们会布局每个指增产品，现在已经成立了1000指增的产品。从长期大方向来看，整个量化行业会从量化指增向量化多头的方向发展，这一定是一个不可逆的趋势。为什么现在需要500指增和1000指增的产品？因为投资人对量化的理解力和信任感相对较弱。不像对主观，因为主观有很多信仰的东西，量化的信仰到现在为止还没完全建立，所以大家更多是基于一定的标准、一定的基础来看指增产品。这就是为什么做指数增强500、指数增强1000，因为会给大家带来相对比较公允、客观的标准。

随着投资人逐渐对量化建立信仰，越来越多的产品会向没有指数对标的量化多头类产品偏移，量化和主观的界限会越来越模糊，这是一个大的发展方向。但从公司产品线布局来看，我们应该覆盖各个产品线。第一，我们不太愿意在某一个风格上做长期暴露，因为所有风格都有一定的周期性；第二，周期性的夏普比率相对来说非常低，不可能有一个风格让你长期持续挣钱，因为一旦某个风格长期持续挣钱，很多策略就会涌向这个风格，导致这个风格不挣钱。

举个例子，公募也好，主观也好，之前很多人在买医药股，因为前两年医药和新能源很火，这就是很强的风格暴露。医药好的时候可能他的业绩特别优异，医药不好的时候他的业绩就特别差，难道是他的投资能力发生了变化吗？显然不是，是因为他在某个风格上做了长期暴露，而这个风格波动很大，导致他的整个波动变得非常大。所以我们觉得风格的长期暴露是非常大的风险点。

只要身处金融市场，就会知道规划往往是没有用的。因为我们并不知道明天这个市场会变成什么样子。思勰现在的规模有100多亿元，放在我们刚成立公司的时候，甚至是两三年前，都想不到是这样的规模。一方面是因为我们的努力；另一方面是因为整个行业的发展，这也是最重要的。人的成功建立在大时代的背景下，而时代背景是你没办法选择的。所以我觉得还是做好眼前的事情，这样就会有比较清晰、长远的目标，不要给自己设定太明显的要求和KPI。

思勰在募资上从来不设定KPI，因为没有意义，我们不能保证明年的业绩是好还是坏，如果市场不好，是募集不到钱的。就像2022年，思勰是百亿私募里指增业绩非常出众的，但我们募资的规模远小于2021年，这就是受市场环境的影响。但市场环境的劣势我们没办法克服，所以我们很少会设定一个固定目标，更多是关注两部分：一是短期踏踏实实地走好每一步，二是远期会有很坚定的目标。我们希望思勰可以向美国优秀对冲基金同行和前辈学习，如文艺复兴，从20世纪80年代成立至今已有40多年的历史，这是我们学习的榜样和目标，并且我们会坚定地执行这个目标。

CHAPTER 4

第 4 章
看好大宗商品，选 CTA 策略

CTA 策略——与股票低相关的资产收益新选择

重新认识 CTA 策略

CTA,全称是 Commodity Trading Advisor,直译是商品交易顾问,是交易商品的主要策略。当前的泛期货策略所涉及的交易品种不仅包括商品期货,还包括股指期货、外汇等。所以,当前 CTA 策略的一个相对更准确的名称是管理期货策略。

听到"期货"两个字,很多人就开始打退堂鼓了。期货风险多高啊!那么高的杠杆,那么大的波动,感觉就和赌博似的!期货圈有名的交易大佬"青泽"在他的《十年一梦——一个操盘手的自白》中,曾有过这样的文字,或许可以在很大程度上描述这种恐惧:

十多年的期货交易生涯中,我经历了无数次大大小小的战役。而1996—1997年的海南咖啡,是我见过的最为凶险、残酷、诡异的品种之一。和它可以媲美的期货品种有:1995年底,苏州红小豆从3700元到1600元的暴跌行情;1996年初,苏州红小豆从3300元到5800元的暴涨行情……在这些期货交易的品种中,市场主力操作手法之凶狠、手段之毒辣、目的之阴险、市场价格波动幅度之大、波动方式之惨烈,都到了登峰造极的地步。期货市场成了一个屠宰场……

但以上只是故事，现实中真实的情况是：从"期货"到"期货策略"，通过系统化的方法，已经在很大程度上处理了大幅度波动的问题。这就好比股票策略一样，只有多头头寸、满融小市值个股的产品，自然呈现出极大的波动率；但有多空对冲、善于控制仓位、更喜欢买大市值公司的产品，相对就平稳很多。CTA策略就如同后者。

CTA策略不仅成功处理了波动问题，甚至策略本身在收益水平、与其他资产的低相关性等方面，呈现出了个人投资者无法具备的先天优势。在投资组合中加入CTA策略，从组合构建的角度来说，更加符合大类资产配置逻辑。

CTA策略如何处理波动

CTA策略是如何处理波动、控制风险的呢？其一，交易标的以大宗商品为主，股指期货为辅；期货可以多空双向交易，既可以做多，也可以做空，分散了持仓方向。其二，以量化CTA策略为例。CTA的子策略非常多，大类就可以分为趋势跟踪、统计套利、基本面量化，细分子策略就更繁多，并且这些子策略之间的相关性很低，量化管理人往往通过多种子策略的融合来平滑波动，降低风险，降低期货市场单一策略出现较大回撤对产品造成的冲击。其三，在具体的风控管理方面，管理人一般会在所投向的单品种进行风控约束。比如，控制单一品种的持仓比例上限，控制风险敞口，包括在事前、事中、事后都会严格进行风险管理。我们以2020年原油的极端风险事件为例，当时国际原油价格跌成负值，国内原油品种也持续下跌，还经历连续两个一字跌停。那段时间很多个人投资者账户被强平后还要倒欠期货公司的钱。在这样极端的行情下，CTA策略表现怎么样呢？

如图4-1所示为2020年朝阳永续CTA趋势策略精选指数。我们截取2020年一整年CTA趋势策略的综合表现，可以看到，虽然春节后的新冠肺炎疫情对大宗商品，尤其是对原油价格走势的影响很大，但对整体CTA趋势策略的影响是非常有限的。反倒是受益于双向交易以及大宗商品板块波动率的上升等，2020年CTA趋势策略表现极其亮眼。

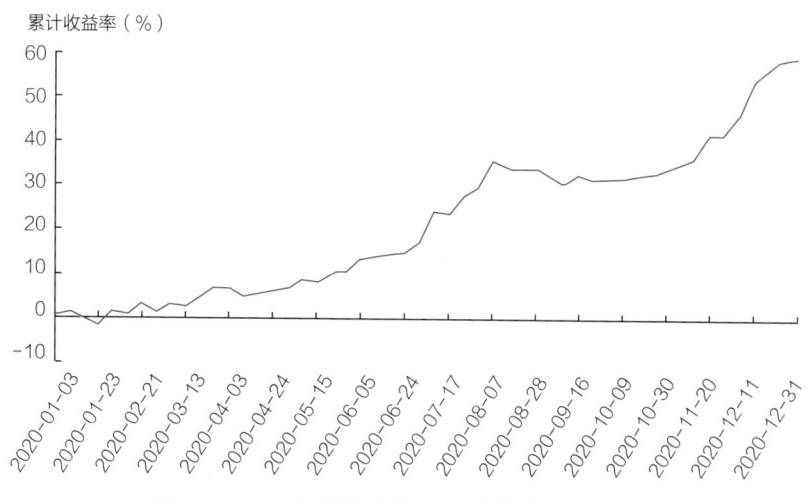

图4-1 2020年朝阳永续CTA趋势策略精选指数

资料来源：朝阳永续。
注：图4-1为整体CTA趋势精选指数曲线，非单个私募产品。数据仅供参考，不构成投资建议。

CTA 策略配置价值

长期、中期收益表现亮眼

不管是在海外还是国内,这个策略的长期收益表现都是很不错的。根据朝阳永续的统计,从2012年至2020年的9年间,CTA产品的平均收益率为15.57%,而且每年都是正收益(见图4-2)。在2022年的极端行情下,全市场仍有近60%的CTA产品取得正收益,平均收益率在4.44%左右。长期来看,CTA策略的整体收益能力强于股票。

图 4-2 2012—2020 年 4 种策略指数年度收益对比

资料来源:朝阳永续。

分散组合风险

CTA策略与其他主流策略的相关性比较低(见表4-1),从而可以极大地增强组合抵御风险的能力。尤其是以市场最为流行的股票策略为例,在市场的主要策略中,与其相关性最低的就是CTA趋势策略(CTA策略中主要的一种策略)。

低相关性意味着，以长期的视角，当股票资产遭遇系统性风险的时候，CTA在很多时候可以为组合贡献正收益。这就使得投资人的组合波动和回撤更小，也就更好地保护了投资人的资产。

表4-1 2014年12月31日至2022年12月30日6种策略的相关性

	股票策略精选指数	债券基金精选指数	市场中性精选指数	CTA趋势精选指数	套利策略精选指数	宏观策略精选指数
股票策略精选指数	1.0000					
债券基金精选指数	0.6413	1.0000				
市场中性精选指数	0.5091	0.4095	1.0000			
CTA趋势精选指数	0.4129	0.2729	0.2196	1.0000		
套利策略精选指数	0.5464	0.3782	0.5018	0.3810	1.0000	
宏观策略精选指数	0.5969	0.5248	0.3845	0.4238	0.4618	1.0000

资料来源：朝阳永续。

如表4-1所示，在一定情况下，这种低相关性甚至阶段性地演化成了"负相关性"，即在股票市场表现不佳的情况下，CTA策略的表现甚至逆市上扬。因此，CTA策略也被盛赞为"具有危机 α 属性"！

表4-2收录了历史上几次CTA策略在危机时期表现明显好于股

票市场的情况。除了这几次之外，2022年初以来，CTA策略的表现也再次印证了其危机α属性和策略本身的价值。在全球权益市场大幅下挫的情况下，CTA策略再次逆势飘红，表现远超各大主流权益指数。

表4-2 CTA策略表现优于标普指数

单位：%

时间	历史事件	标普指数	CTA策略
2001年	互联网泡沫破裂	-13.04	-8.12
2002年	互联网泡沫破裂	-23.37	2.84
2008年	国际金融危机	-38.49	14.72
2019年至2020年3月	新冠肺炎疫情	-20.00	8.72

资料来源：Wind、Barclay hedge、光大期货研究所。

其实CTA策略和其他策略，尤其是股票策略的这种低相关性，本质原因在于底层资产类别不一样，所以，在不同的经济环境下表现也不同。以闻名全球的对冲基金桥水基金划分的经济场景为例，不同背景下，各类资产的表现差异非常大（见图4-3）。

在经济上升期：股票、商品、公司信用债、新兴市场债券将有较好表现。

在经济下降期：名义债券和通胀挂钩债券表现较好。

在通胀上升期：通胀挂钩债券、商品、新兴市场债券表现较好。

在通胀下降期：股票、名义债券表现较好。

我们只要明白了这个逻辑，就可以很好地体会：加入低相关性的

CTA产品后，原有投资组合可以更好地分散风险。

高增长 股票、商品、公司债、新兴市场债券	高通胀 通胀挂钩债券、商品、新兴市场债券
低增长 名义债券、通胀挂钩债券	低通胀 股票、名义债券

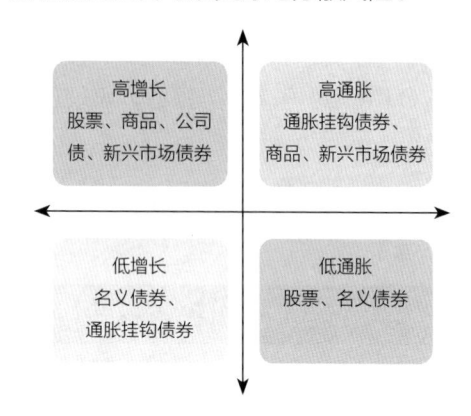

图 4-3　不同经济环境中表现较好的资产

资料来源：根据公开信息整理。

CTA 策略的分类

CTA策略有许多不同的分类角度，这里选取比较重要的几个角度来划分。

交易方式角度：主观 CTA 策略和量化 CTA 策略

从交易方式角度，CTA策略可以分为主观CTA策略和量化CTA策略两大类。量化CTA策略是基于机器的判断。管理人通过分析建立数量化的交易策略模型，根据模型产生的买卖信号进行投资决策，人的错误判断对策略的干扰较小。主观CTA策略是基于人的判断。管理人基于宏观经济走势、品种基本面/供需平衡表、基差水平，主观判断品种走势。主观CTA策略非常考验基金管理人的基本面信息。

这两类策略的差异还是非常大的，具体如表4-3所示。我们也可以举一个实际案例来看看两者的差异。2022年6月的第三周,以原油为代表的大宗商品出现了非常大的回撤,向上趋势发生了短期逆转。在这种极端行情下,量化CTA策略管理人往往短期难以适应这种突发反转,业绩出现了非常大的周度回撤。但是以明睿资本为代表的主观CTA策略管理人,则因为正确预判了短期的价格逆转、短期看空了大宗商品价格,当周的业绩却是逆势上涨的。

表4-3 主观CTA策略和量化CTA策略的对比

维度	主观CTA策略	量化CTA策略
决策和交易	主观判断、手动下单	系统判断、自动下单
研究方向	倾向于对新闻和基本面做出研究与判断	倾向于对数据的系统化、科学化处理
研究方法	调研+基本面	重视数据分析
团队运作	基金经理的判断较为重要	团队合作
投研背景	金融、经济居多	数学、物理、IT居多
超额业绩的归因	基金经理的经验、洞察力	策略和子策略的有效性
风控	专员风控	系统集成
收益特征	波动较大,高风险高收益	波动较小,回撤可控
优点	策略转换灵活	业绩稳定性好
缺点	业绩稳定性较差、波动大	研发投入非常大

策略细分角度:趋势策略、套利策略和复合策略

从策略细分的角度来看,CTA策略大体上可以分为趋势策略、套利策略和复合策略。

趋势策略又可以进一步细分为趋势跟踪型策略和趋势反转型策略——其中,趋势跟踪型策略是主要的。趋势跟踪型策略的典型特征是偏右侧交易，即着眼于捕捉市场的方向性波动，进而"顺势而为"来获得收益。这种策略往往会在趋势成立有明确表征后才会进行交易。趋势反转型策略则是利用期货价格的反转性波动，进行反向交易，即"高抛低吸"，在市场出现拐点的时候迅速捕捉交易机会来赚取相应的收益。

套利策略指的是通过跨不同周期、跨不同品种、跨不同市场之间的配对交易策略，获取收益。该策略的主要特点是"赚确定性高的小钱"，重概率而轻赔率。比如，同一品种的期货，由于流动性或预期等各方面的原因，不同交割期限的期货合约之间出现了合理价差之外的偏离，那么就存在一定的套利机会。

复合策略则更容易理解，即在一个组合内，采取多种子策略。复合策略的产品有一个非常大的好处，在于组合的稳定性会进一步增强。所以其应对极端风险事件的能力，相对也会更好。

交易频段角度：短周期策略、中周期策略和长周期策略

从交易频段来看，CTA策略通常可以分为短周期策略、中周期策略和长周期策略。

短周期通常在3天以内，有的甚至是日内持仓。中周期则在3~10天。长周期通常来说在10天或者15天以上。一般来说，短周期策略相应的波动和回撤相对较小，但策略容量也会比较小；中周期策略易捕获拐点和波段；长周期策略遇到大行情的时候爆发力更强。随着公司规模的发展，持仓周期的延长将成为必然。比如，世界上最大的CTA管理人元盛资管，200多亿美元的管理规模之下，其持仓周期通常在

1~2个月。

当下出现了越来越多的"CTA+"策略，即一个组合内除了CTA策略之外，还会叠加指数增强和套利、中性等策略。一方面，纯CTA策略本身的资金容量很有限；另一方面，以指增为例，"CTA+指增"的组合形式，的确极大地提高了资金的使用效率。这里我们举个简化的案例，帮助读者朋友理解。

CTA是杠杆交易，纯CTA产品，100万元在期货账户，一般只用30万元做交易，70万元闲置。如果混合策略，30万元不动继续交易，拿60万元到证券账户做股票，那就形成了60%的多头+100%的CTA产品[①]。

如果再进一步，拿3.6万元做多中证500股指期货（约等于30万元市值），70万元做股票，20万元做期货，剩下的钱闲置，相当于100%的中证500增强策略，加约66%（20/30）的CTA策略（这里假定纯CTA产品的保证金占用比例是30%）。这样通过杠杆，用100万元实现了166万元的配置效果，当然也是166万元的波动效果。这样就大大提升了资金的使用效率。

---

① 100%的CTA产品的意思是相当于一个纯CTA的产品。

在混战中成长的 CTA 玩家们

CTA 策略的发展回顾：从蛮荒到成熟

国外：实现全球化

CTA策略在全球范围兴起的时间还是非常早的。

早在1949年，美国海登斯通证券公司的经纪人理查德·道前（Richard Donchian）成立了首只公开发售的期货基金，成为世界上第一只真正意义上的期货投资基金。1967年，期货交易尝试使用计算机交易系统。在1970年之前，CTA策略都处于诞生之后的缓慢发展阶段。

20世纪70年代，期货交易走向正规化。美国商品期货交易委员会等成立，为行业发展保驾护航。同时，1972年5月，芝加哥商品交易所开始进行金融期货交易，为货币和资本市场提供避险工具，交易品种上也有了拓展。

20世纪80年代之后，CTA策略在品种和地域上进一步拓展。品种由农产品扩展到债券、货币、指数等金融领域，期货投资基金在资产风险管理方面的作用日趋重要。而地域拓展则源于1987年权益市场大幅下滑期间，CTA策略的优异表现，日本等国先后启动了CTA策略基金。在这个时代背景下，元盛资本于1997年在英国成立，并一举发展成为当今全球最大的CTA策略管理人，这也是CTA策略全球化的一种体现。

进入21世纪，CTA策略基金得到了长足发展。其核心还是得益于CTA策略本身与权益市场的低相关属性，逐渐地被市场接受。中金公司援引巴克莱对冲研究的数据显示，2000年互联网泡沫破裂和2008年国际金融危机之后，CTA策略的管理规模都出现了飙升。

国内：曲折中发展

相对而言，中国现代化的期货交易开始的时间是比较晚的。

自改革开放以来，我国真正开始设立期货交易市场是在20世纪80年代后期。1992年底，国务院同意设立中国国际期货有限公司，拉开了期货交易的序幕。如前文所述，早期的期货市场实际上是非常不规范的，价格波动大，乱象频出。如1995年的"327国债期货事件"，那一天曾被称为"中国证券史上最黑暗的一天"。

2000年，中国期货业协会成立。中国的期货发展进入第二阶段。期货业的发展逐步摆脱1995年"327国债期货事件"的阴霾，成交愈加活跃。

图4-4以2000年为界限，可以比较直观地体现中国期货发展的第一阶段和第二阶段的特点。1993—2000年，中国期货成交量和成交额处在较低水平，且波动比较大；而到了2000年以后，期货成交量和成交额增长迅猛，尤其是2005年以后，呈现指数级增长，到了2009年，中国期货成交额突破130万亿元，创造新的历史高点。

资料来源：中国期货业协会。

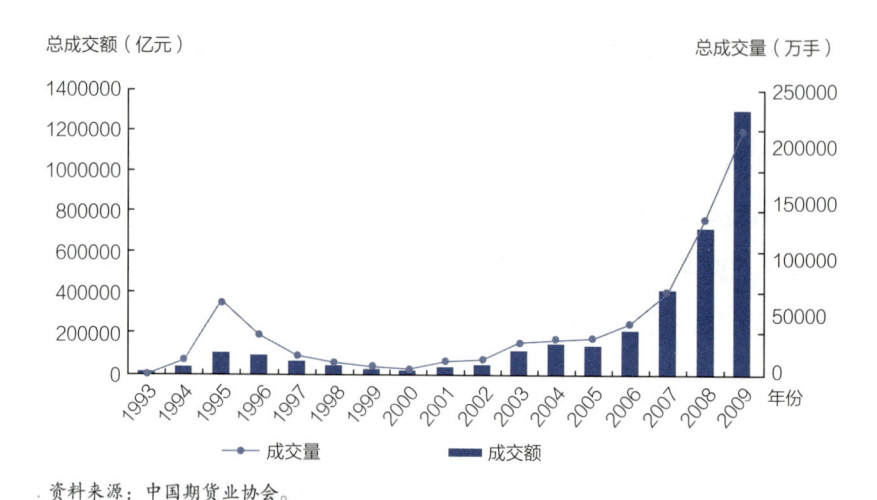

图 4-4　1993—2009 年中国期货成交量和成交额

国内期货交易策略进入"资管产品时代"，则是2010年之后的事了。这一时期，商品市场的交易品种逐步丰富，股指期货也开始推出，叠加资管产品发行约束的放松，CTA策略也进入一个新的历史阶段。

CTA 资管时代：代表性玩家纷纷涌现

第一桶金

2010—2014年，私募基金实际上还无法单独发行产品，一般是借助券商资管、信托计划或者基金专户发行，私募以投资顾问的身份扮演实际操盘手角色。虽说期货已经获得了相当程度的发展，但和股票、债券等品种相比，期货依然是一个非常小众的领域。因此，这几年里，CTA产品一直处于较缓慢的发展状态。根据华宝证券统计，CTA产品发行数量自2010年的5只，到2014年当年新增发行了349只。

虽说2014年CTA基金产品不多，但很多后来知名的量化基金管理人的基础都是在这一年沉积下来的。当时，众多具有海外量化策略研发经验的从业者纷纷创业，以高频自营策略在期货投资上掘到了第一桶金，并且积累了较为丰富的策略储备，为日后资管化转型奠定了深厚的基础。

我们在这里介绍一下上文提及的元盛资本。

这家公司成立于1997年，总部位于英国伦敦。创始人哈丁毕业于剑桥大学物理系，早年与另外两位合伙人共同创办了AHL，后被英仕曼集团收购。由于投资理念的冲突，哈丁另起炉灶，用200万美元起家，成立了元盛资本。在当年量化交易并未被众人所知的情况下，哈丁依然坚信利用数学和计算机能够为投资人实现理想的回报。2008年国际金融危机期间，元盛资本充分发挥CTA策略"危机 α"的属性。在很多明星基金走下神坛的时候，元盛资本在2008年和2009年期间年化收益率接近30%，一举成名。据统计，到了2010年，全球量化对冲基金净流入总量的1/3进入了元盛资本。发展至今，元盛资本已经成为全球较大的CTA策略管理人之一，管理规模一度超过300亿美元。

2008年，元盛资本开始开发中国市场的交易策略，2010年投入实盘，2012年后，陆续与华宝兴业期货、中金、华泰期货等金融机构合作，以担任投资顾问的形式发行了一系列CTA策略产品。元盛资本的特点是海外资管风格比较鲜明，策略以长周期为主，相比国内一众中短周期的策略,波动会略大。但是这种策略的好处在于容量大,受规模因素影响小。元盛资本的策略经过了较长时间的检验,作为资产配置的一部分,是一个相对不会出错的选择,且长期来看年化回报率可期,也因此获得了众多投资者的青睐与信任。

井喷式增长

2015—2016年,CTA资管产品的发行数量呈井喷式增长。其主要原因大概有两个。一是期货资管一对多开闸。2012年底,期货公司获准发行一对一资产管理计划,这是一种一个产品只能有一个投资人的资管计划类型。直到2014年底,监管才放开期货资管一对多限制,期货资管可以发行一只多个投资人参与资管计划的产品。至此,期货公司开始大量寻找市场上有能力做CTA策略的人或机构,担任投资顾问负责操盘,发行由期货公司担任管理人的期货资管计划,与银行或券商合作共同募集资金。二是2015年下半年起,股票类基金受制于当年的行情折戟,很多投资人开始寻找股票策略以外的产品,CTA策略就是其中重要的一种。在股票出现较大幅度回撤时,CTA策略凭借相对稳健的表现,引起了投资者的注意。

借助内外部因素的共同影响,当年CTA实现了井喷式增长。根据华宝证券统计,2014年CTA策略产品发行数量349只,2015年1422只,2016年2232只。那个时期可谓百家争鸣,具有海外量化背景、民间背景、产业背景等的管理人都开始在CTA资管的舞台上一显身手。很多现如今非常知名的CTA管理人,都是在那个阶段完成了资管业务积累,且获得了众多投资者的认同。其中包括比较知名的千象资产和黑翼资产。

千象资产成立于2014年7月,是被市场广泛认知的本土CTA管理人之一,管理规模超百亿元。千象资产连续多年拿到"金牛奖""金阳光奖""英华奖"等众多奖项,市场认可程度较高。千象资产CTA策略通过趋势策略和对冲策略,覆盖了期货市场近50个主流品种,做到全品种分散。在此基础上,千象资产已经扩展了CTA+多策略的产品线:如"CTA+中性"策略、"CTA+指增"策略、"CTA+全市场选股"策略等。

黑翼资产成立于2014年,目前灵魂人物是两位核心合伙人陈泽浩和邹倚天。陈泽浩主要负责黑翼资产的CTA策略,而邹倚天则主攻股票策略,两位的履历背景均非常优秀。相比一些长周期的管理人,黑翼资产的CTA策略平均来看以中短周期策略为主,收益曲线更加平滑。2020年是期货大年,黑翼资产的CTA策略表现中规中矩,但是在一些长周期策略不好做的年份,黑翼资产的表现却往往比较亮眼。这是黑翼资产的一大特色。目前,黑翼资产的纯CTA策略已经封盘,主推指增+CTA的混合策略,混合策略的整体表现也比较优异。

健康发展

2016年,CTA新增产品数量达到顶峰,2017年随后的几年进入了稳定期,发展比较缓慢。核心原因有两点。其一,2016年资管领域出台了新八条底线,对于金融机构的通道业务做了合规限制,导致

CTA产品短期无法吸引到银行的稳健资金，暂时失去了最大的客户来源，增长速度也就随之放缓。其二，监管层规范了投资顾问角色的资质。之前无论是个人、工作室还是私募基金管理人，都可以成为资管计划的投资顾问，扮演实际操盘手的角色。但新规颁布后，只有符合"3+3+1"条件——3名投资经理，3年可追溯业绩，管理人在基金业协会注册满1年且成为会员，才可以成为投资顾问。这样一来，之前很多投资顾问由于资质不符，到后期只能清盘。

综上所述，CTA产品在资金需求和产品供给两个方面都出现了较大的调整，叠加2017—2019年期货市场整体没有大的行情，CTA产品增速有所放缓。但整个行业开始向着规范、有序、合规的方向健康发展。

高光时期

自2020年以来，可谓迎来了CTA的高光时期。2020年，受新冠肺炎疫情及多种因素影响，期货市场出现了较大的波动。对于善于捕捉商品市场趋势、多空双向的CTA策略来讲，这样的行情是非常容易做出收益的。当年，朝阳永续发布的"CTA趋势精选指数"收获了60%以上的收益。此外，2022年初，在股票策略整体遇到系统性风险的同时，CTA策略又充分发挥了其"危机α"的属性，也因此被越来越多的投资者关注。

在这个阶段，有众多管理人进入了投资者的视野。其中包括很早就开始布局CTA，在2020年一鸣惊人的管理人，如博普、洛书投资、瑞达期货；以及传统机构属性的管理人，因为持续优异的表现渐渐被众多个人投资者关注，如弈泰资产；还有投资人之前可能相对陌生，近两年在CTA主观策略研究上独树一帜的管理人，如明睿投资；等等。

博普科技早在2012年就成立了，是最早的一批私募管理人。这家公司的传统优势聚焦于量化，早期的核心策略是量化期现套利策略。博普CTA策略在2019年之前一直是单一的低杠杆长周期趋势策略，表现相对中规中矩。2019年，其策略实现了更新迭代，业绩有了非常明显的改善。首先是在作为商品期货大年的2020年，博普CTA策略表现出色，表明在商品波动放大的时候，能够显著获得盈利；其次观察2021年，所有CTA策略相比2020年表现低迷，这个时候更能评估管理人的策略储备能力及风控能力，而从结果来看，博普的表现依然可圈可点，回撤控制也是比较好的。

洛书投资是一家专注于量化投资的对冲基金公司，当前资产管理规模100多亿元，管理人整体风格相对稳健，产品线比较丰富，不仅包含CTA、指数增强、股票中性这些单一策略，还包含"CTA+指增"的高波动组合、"CTA+中性"的低波动组合等复合策略。洛书投资的长期历史表现深受市场认可。

瑞达期货是一家期货公司。该期货公司的CTA资管产品相比私募CTA产品比较小众，原因是大部分期货公司在资产管理方面相对劣势，但瑞达期货是为数不多比较擅长资管的期货公司之一，这源于其在发展之初就非常重视投研的积累。瑞达期货的策略不同于传统量化策略，带有一定的金融机构研究所的风格，属于"主观+量化"的结合策略。在2016年初，受熔断及股指期货限仓的影响，产品出现比较大的回撤后，瑞达期货升级了风控策略，更加注重多空轧差后的风险敞口控制。策略的长期实盘表现比较稳定。

弈泰资产是一家非常老牌的CTA管理人，2012年就成立了，但由于管理人比较低调，鲜少主动做市场拓展，面对的客户主要是一些机构及FOF资金，并不为个人投资者熟知。近些年，随着CTA策略走向主流，管理人才收获了越来越多的关注。弈泰资产CTA策略最大的特点是多策略融合，通过尽可能把多元化且低相关性的子策略组合在一起，来实现多元化收益且分散组合风险的目标。在这个目标下，弈泰资产开发了"四正一反"的策略，包括趋势、对冲、套利、股指短线及反转五大策略，利用低相关性的策略组合，力求实现投资组合的长期高夏普比率。

在众多量化私募主导的CTA领域中，明睿投资算是稀缺的、专注黑色板块的主观CTA管理人。其核心基金经理孔鹏曾就职摩科瑞（全球销售额最高的前五大石油贸易公司）和北京象石（领先的大宗商品服务商），负责大宗商品研究及自营操盘。期货这个品种是围绕实际商品的价格做交易，主观CTA管理人多数具有现货从业背景，这样才能对整个产业链进行深入的研究，对商品价格做到足够敏感。明睿投资就是如此。通过多年的研究积累，明睿投资在传统的基本面研究基础上，独创了"库存—利润链"研究体系：库存是供需的结果，利润是供需的表现，商品价格的波动，本质上是库存与利润率再平衡的结果。依据多年在黑色产业链的深耕，明睿投资主观CTA产品也收获了投资者的认可。

为方便读者朋友对比，我们将市场上几家知名的CTA管理人的策略与风格进行了简要对比，见表4-4。

表4-4 CTA管理人投资策略与风格对比

管理人	策略	风格
元盛资本	长周期策略为主，受规模因素影响小	历史悠久、经验丰富，海外资管风格比较鲜明，长周期波动的可能性更大，但长期年化回报率可期
千象资产	趋势策略和对冲策略，覆盖了期货市场近50个主流品种	全品种分散，"CTA+多策略"的产品线丰富
黑翼资产	中短周期策略为主，收益曲线更加平滑	CTA长期业绩优异，多策略产品线丰富，表现稳定
博普科技	2019年前，单一的低杠杆长周期趋势策略；2019年后，策略迭代，加入基本面策略，业绩明显改善	中长周期CTA，商品波动大的时候，能够显著获利，保证金比例稍高，属于高波动、回撤相对大的产品
瑞达期货	为数不多擅长资管的期货公司，"主观+量化"相结合	重视投研，升级风控，长期表现比较稳定
弈泰资产	多策略融合，开发"四正一反"的策略，包括趋势、对冲、套利、股指短线及反转五大策略	利用低相关性的策略组合，力求实现投资组合的长期高夏普比率
明睿投资	专注黑色板块的主观CTA	在基本面研究基础上，独创了"库存—利润链"研究体系

如何挑选 CTA 策略管理人

这个问题还要落到我们的十二字原则上：长期净值、业绩归因和人格认知。

长期净值

首先要分析其长期的收益表现、回撤水平和夏普比率等，以此来判断管理人的策略水平。而这个"长期"，从时间维度上来说，当然是越长越好。但是，在现实中会遇到各种各样的情况：比如，很多管理人的CTA策略是不断迭代的，之前的策略可能和最新的有较大差异；又如，很多管理人早期的业绩是非公开的，这也是一个现实的问题。所以还是要具体问题具体分析。

从时间周期上来说，至少要把2020年以来的业绩做一个归因分析。比如，我们上文在分析博普的时候所用到的方法，作为商品期货大年的2020年，博普CTA策略收益如何、回撤如何，与南华商品走势的对比及与其他家对比的收益又如何；而在所有CTA策略相对难做的2021年，这个时候往往更能评估管理人的策略储备能力及风控能力，博普的表现又如何。

业绩归因

业绩归因是CTA策略分析中较难的一个环节。我们以主流量化CTA为例，首先看策略，分析它赚的是哪个子策略的钱：是量价趋势策略还是基本面相关策略？如果遇到比较大的回撤，要分析是行情带来的整体策略的回撤，还是由管理人自身问题导致的。其次，对于管理人所做的品种等都要清晰明白。比如是否包含股指，商品是否为全品种覆盖。最后，持仓周期也要考虑清楚：是短周期，还是中长周期？这会给业绩带来比较大的差异。就以2022年6月第三周的"CTA大回撤"为例：这周业绩主要冲击的是中长周期策略，而对短周期策略的影响相对而言就小很多。

总体而言，偏长周期策略的量化CTA往往波动和回撤较大，但来行情时候的爆发力更大；而短周期的CTA长期回撤控制较好，但并不绝对，可能在某一阶段也会发生较大回撤，如2021年10—12月。短周期的优势是一般在行情急速反转的时候可以较快转向。但它的劣势也比较明显，一是在大行情来临的时候进攻性不足，二是策略不适应频繁切换的行情。另外，短周期CTA往往对管理人的投研能力和策略迭代要求更高，投资人应该首选经验丰富的知名管理人，同时要重点关注历史的回撤控制能力。

最后是规模问题，CTA整体的策略容量偏低，超出一定规模之后，策略有效性就大受影响。

所以，总的来说，我们不仅要看业绩，更要尽可能明白业绩背后的逻辑！

这里通过一个例子让大家对CTA管理人的业绩归因有更直观的了解和认识。

2022年，商品市场非常动荡，分别经历了两轮大跌，在这个过程中，CTA管理人的表现是比较分化的，老牌CTA管理人千象资产在其中的表现还是经受住市场考验的。千象资产的CTA在2022年1—3月跟随南华商品指数上涨，在4—5月表现震荡，进攻性相较于同类不会特别强势；而在6—8月的CTA整体回调行情中，表现出比较好的风险控制能力。经过对千象资产的研究，我们可以对其业绩做出如下归因。其一，千象资产虽然以趋势策略为主（占比85%），但趋势策略中又包含多个子策略：如40%的规则化趋势策略，以量价因子为主（如双均线突破策略）；剩下60%的多因子复合趋势策略，由量价、基本面、期限结构等因子构成。规则化趋势策略由于完全依赖量价指标，具有比较灵敏的反应速度，在行情突变时可以较快地转向；而多因子复合趋势策略相对来说可以应对更复杂的市场环境。

其二，千象资产CTA平均持仓周期为3~5天，严格按照短、中、长周期3∶4∶3进行配比。千象资产会根据行情来调整仓位，通过模型监测来控制仓位，在这一方面做得也是比较细致的，比如，不会依赖单一的波动率指标。

其三，千象资产作为老牌CTA管理人，从2014年至今，经历了多轮市场切换和CTA大洗牌，积累了比较丰富的策略储备和风控经验。

人格认知

挑选CTA策略管理人，同样离不开人格认知部分的分析。人格认知包括核心投研的教育背景、从业履历、团队的稳定性及其策略迭代能力等，这些在量化指增部分已有详细介绍，不再赘述。

知名私募与黑马私募，怎么选

买CTA基金，到底是选知名CTA私募还是黑马私募？通常来说，知名CTA私募，成立时间久，策略较为成熟，规模较大，且投研储备也丰富，总体适合对稳健性有要求的投资人。而黑马私募规模尚小，一般靠短期行情配合实现净值高速增长，策略上通常进攻性很强，适合风险承受能力较高的投资人。当然，这都是一些一般意义上的结论。具体问题还是要具体分析。

实践　认知

主导市场更多的是市场情绪这个核心矛盾。
如何研究市场的情绪？
比较好的方式就是通过量化来实现，
看市场的价格。

均成司维：量化就像逆水行舟，
共同成就才能行稳致远

2020年，商品市场的牛市把CTA这一偏小众的策略带到了投资者的视野。近几年，量化CTA策略凭借其相对出色的表现，在非常内卷的量化领域逐渐占有一席之地，也越发受到投资者的关注。而在藏龙卧虎的量化CTA领域，有这样一家管理人，它业绩顶尖，2022年更是霸榜CTA排行榜——它就是均成资产。自2016年成立以来，均成资产一直埋头苦练内功、打磨策略，鲜少参与宣传，很是低调。

均成资产的创始人司维曾在光刻机巨头ASML担任工程师，从工程师到量化管理人，重大身份转变的背后有着怎样的故事和思考？是什么样的投资理念和特质，支撑起均成资产的亮眼业绩？让我们跟随均成资产创始人司维的视角去找寻答案。

喜欢创新、擅长数理，为我最终走向量化投资埋下伏笔

从小到大，我属于那种不太会考试的学生，明明我都会，但考试却总考不好。我记得前人曾总结过：做学术搞研究的人一般分为两类，一类是学习能力很强的，他们擅长做综述，在已有知识结构和理论基础上做总结和研究，但这一类人相对来说缺少一些创新性，很难突破；另一类是比较擅长做创新型研究的，他们往往学知识不是那么全面和细致，但创造能力很强。我本人更偏向于后者，就是那种不喜

欢规规矩矩学东西的人，但求知欲和好奇心很强烈，这种驱动力让我总是想做一些有创新性的、属于自己的东西。

其实除了喜欢创新，我最开始发现自己很喜欢数理分析这件事是在高中和大学阶段。我在北京航空航天大学学的是环境工程，有一门课是混凝土的施工设计。那门课有一个很有意思的点，它在确认混凝土强度的时候要使用统计学方法，并且与金属材料或者其他稳定材料的测算方法不同的是，混凝土强度的随机性很强，传统的统计方法并不适用。当时我就想，能否用极限值的方法，就是说做一百次实验，用最差的那次实验结果再加一个系数，作为混凝土的设计强度的值，而这个想法后面被验证是可行的。这是我记忆中比较深刻的与创新有关的事。

辞别光刻机巨头，追随心声投身资管

我硕士就读于北京大学物理电子学，当时考这个专业是想摆脱本科专业那些按部就班的模式，去探索一些创新的东西。但我发现，基础学科的研究跟我想象的不太一样。大家由于背负着压力，基本上是以发文章为主要研究动力，这与我想做原创性和突破性研究的初衷背道而驰，所以当时我一直想着怎样能去改变。后面机缘巧合，我去微软实习，做用户相关的统计分析工作，如用户用鼠标点了哪些按钮，使用了哪些功能，通过这些搜集的数据信息来分析用户行为。这个工作其实是包含一些创新性的东西的，而且是有持续性的创新性需求的。我当时觉得很有意思，也做了大量的工作。因此，如果让我定义一个量化的启蒙阶段的话，这一时期算是一个开始。我在探索的过程中始

终追寻自己内心的声音，比较坚定，也很坚持。

从北京大学硕士毕业后，我进入ASML（阿斯麦）做偏应用的现场工程师，就是不断解决用户提出的需求，帮他们提供解决方案。我当时很喜欢这个工作，认为它很有意义，也需要一些创新的思维。但我面临的问题是：当时该行业在国内的发展比较受限，如果想要更好的发展只能去海外，像美国、欧洲、韩国、新加坡等；如果留在国内，面临的是行业格局确定、圈子小的局面，很难创业或者做出新的东西，个人发展非常受限。我在思考过后，做出了人生中第一个比较重要的决策：转行到金融领域，并且只做投资，做资产管理。

市场更多被情绪主导，我选择用量化破解其中的奥秘

我当时对金融行业具体方向的选择是很明确的，只考虑买方，因为买方偏向于最终的投资决策；不像卖方，更偏销售一些。首先，我的性格不适合卖方的工作。其次，买方的投资需要的是硬技能，它对软技能的要求相对较少，在投资上，你是不需要向别人刻意证明自己的，因为业绩摆在那里，就是最有力的证明。另外，投资是充分竞争的，没有什么壁垒，你能买的股票别人也能买，这就意味着它的评价标准非常客观，解决了同业的评价问题。这也是投资特别吸引我的地方——只要业绩做得好，你一定会被认可，是比较公平公正的。

决定进入金融行业后，我先去了一家主观私募做研究员。其实大家在入行的时候都差不多，都是研究价值投资、成长投资这些从书本上衍生出来的东西。但开始实践后，你会发现主导市场更多的是市场情绪这个核心矛盾，而其他的方法论就像在巨浪之中漂浮，随随便便

就可以被打翻。我个人比较喜欢《金融炼金术》里的一句话：你快速地认清这个骗局，然后快速地加入其中，在别人发现之前离开。这其实是我们整个二级市场一个核心的投资逻辑。价值投资是长期有效的，而我们首先要保证能够长期存活。这些其实都是我在不断地被市场教育后，渐渐明白和理解的一些东西。

那么，如何研究市场的情绪呢？一个比较好的方式就是通过量化来实现，看市场的价格。价格其实会比较好地反应市场情绪，也会体现交易者的一些行为。做了这个决定后，我重新开始写代码，做数据处理、做分析，开始尝试一些量化策略的研究。到2014年的时候，我加入了一家量化投资私募做量化研究的工作，开始专注于量化策略研发。所以从后视镜来看，从2007年毕业到2014年，历经整整7年的时间，我兜兜转转，虽然过程很曲折，但终究进入了一开始就喜欢并擅长的，需要每天与数理打交道的量化领域。

创办均成：希望管理人与投资人互相成就

量化这个行业，需要创造性、原创性。通过多年的积淀，结合自己的优势，2014年，我的投资策略已经开始实盘交易，并取得了一些成绩。2015年，成为量化基金经理之后，我得到了一些机构资金的认可，也就有了现在大家看到的均成资产。近几年，CTA策略大火，加上业绩做得不错，我们逐渐进入投资人的视野。但对我来说，最重要的还是如何做一家给投资人带来很好体验的资产管理公司。就像我们的名字一样，"均成"，管理人与投资人互相成就的意思。我经常会说，我们有一种社会主义情怀，那就是服务好大众、投资人。

在服务好投资人方面，我们主要通过以下四点来实现。

第一，在策略上，我们更注重逻辑和细节，重质而不是量。策略一定是让我在内心觉得它是禁得起考验的，哪怕短期出现回撤，我心里也是有底的。当市场出现一些与当前策略不适合、不匹配的环境时，我们会思考：策略原本的一些前提条件是否还成立？如果成立的话我们就可以继续运行；如果市场确实发生了很大的变化，有些东西不成立了，那我们就做相应的调整。当策略既有了深度也有了质量，它的稳定性就会比较强，更经得住市场的长期考验，这算是我们的一个特色或者优势。另外，各家的策略都会遇到适应和不适应的市场环境，我们追求尽量平衡和多元化，通过持续尝试多元化策略，去适应更多的市场环境。量化这个领域其实就是逆水行舟，只有不断努力，才能在这条长河里不被甩出去。

第二，我们会有意地管控规模。比如2020年，商品市场出现了牛市行情，CTA大火，我们当时的规模增长也比较快，一下子就到了几十亿元。我们当时的做法是把整个CTA策略线进行了封盘。这样做主要是因为规模增长过快会带来三个方面的问题：一是策略层面，容量是否足够，能否容纳那么大的资金；二是交易层面，即交易系统能不能支撑这么大的规模；三是产品运营层面，这么多资金进来，包括投资人的申赎、合同的设立、各种条款的确认，运营和服务能否匹配得上这么大的规模。只有当我们方方面面的能力跟我们的管理规模相匹配的时候，投资人的体验才会比较好。

第三，风控管理，即怎样才能控制好我们的产品回撤，这一点对于量化机构来说也是至关重要的。通过长期的研究，我们总结了进行风控管理的心得和方法。首先，市场行情突然波动是很难预判的，等到它波动时你再去减仓和调整，操作往往是滞后的。有时候极端行情下的流动性不一定够，加仓、减仓都会带来较高的市场冲击成本。所以我们认为风控得在事前做，在做策略的时候就尽可能按照相对比较差的预期去做准备。这样，当极端风险发生时，整体产品波动和业绩表现才可以控制在投资人可以接受的范围内。其次，是多元化。这里性价比最高的做法是把整体策略配置做得比较均衡，不要那么激进，这样整体上能把风险控制得好一些。

第四，我们在公司经营管理上也会跟很多管理人不太一样。我们不会片面地追求管理规模，也不会追求短期高收益或者很低的波动，而是追求给投资人赚到钱。我们评价自己的标尺是：不管是持仓的还是赎回的客户，最终到底获得了多少绝对收益；我们管理的资金在整个市场上是赚钱的还是亏钱的。当下，基金赚钱、投资人不赚钱的现象是非常明显的，我们在努力克服这个问题，这也是我们公司的经营目标。

另外，在公司的管理中，特别是量化公司，最重要的就是对人才的选拔。我们在人才的选拔上，首先，这名员工一定要对做这件事是真正感兴趣的，乐在其中，而不是单纯为了赚钱。如果单纯为了赚钱，他就会变得比较短视，比较急功近利，这与均成的公司文化和理念不相符。均成是要大家能共享一个长期的愿景，一步一个脚印地做好每一件事情。其次，要看天分和能力。我们不是仅仅看学历背景，我认为做策略是需要天分的，即有创造性能力。一个人可能学历不够高、数学技巧不够强，但是他可能具备一些独特的视角和思考问题的方式，这些是很重要的，也是均成在人才选拔中比较看重的。

做好策略，长期帮客户赚到钱

很多朋友跑过来问我们2022年的业绩归因，想知道我们是怎么做的。其实我们的做法一直没有变。2022年业绩较好，有一些因素是我们的策略与2022年市场的适配性较好。我们从来没有觉得我们可以一直是做得最好的，这很难，也不是我们的目标。我们的宗旨就是做好我们的策略，长期来看能给客户赚到钱。策略不断迭代优化的目标也是围绕这个宗旨去做的。举个例子，有一些策略长期来看并不赚钱，但是它能平滑收益曲线，这种策略我们就不会上线。我们上线的策略一定是长期来看能赚钱的策略。

回到CTA产品本身，我们看到2022年CTA产品波动比较大，特别是下半年经历了比较大的回撤，一时间很多投资者怀疑它是否具备投资价值。我们到底应该抱着怎样的预期去投资CTA呢？

其实CTA这几年的发展就类似一个事物发展的过程，它就是火一波，资金进来，接下来发现没赚到钱就撤出了，而走了之后市场又开始慢慢变得好做，收益慢慢起来，又会有一个重新往上走的过程。我对CTA策略是很有信心的，长期来看也就是衰减到跟美国差不多的收益比，优秀一点的能做到收益回撤比1∶1这样一个收益风险特征。

而在未来的时间里，CTA这个策略依然会有好做的时候，也会有不好做的时候，并且会循环往复。所以，我希望投资人要长期地、客观地看待这个问题，把收益预期调低一些。投资人切记不要看2020年全年的CTA业绩。2020年的业绩是不可持续的，以前没有过，以后会不会有也不好说。

CHAPTER 5

第 5 章

看中低波稳健，选中性套利

大盘波动剧烈坐不稳？系上中性策略的安全带

2022年1月到4月，股票市场"巨震"，仿佛"股灾"重现。我们如果拉长时间周期，回顾过去代表大盘蓝筹的沪深300指数和代表中盘成长的中证500指数的表现（见图5-1），会发现什么呢？

图 5-1　2016—2022 年沪深 300 指数与中证 500 指数走势对比

资料来源：Wind。
注：浅色线是沪深 300 指数的走势，深色线是中证 500 指数的走势。

2016年1月1日到2022年7月1日，6年半的时间里，中证500指数的区间收益是-15.48%，最大回撤是47.25%。2015年的"杠杆牛市"中，小市值股票涨得非常好，那年的中证500指数也一度涨到11000点，但之后的整整3年都"一蹶不振"，2018年一度跌至4100

点之下，回撤高达65%；再看看沪深300指数，虽然在此期间获得了近20%的正收益，但波动率和回撤也是非常大的。如果你在2021年初的时候不幸追高买了沪深300指数代表的蓝筹白马股，经历2022年这一波下跌，可能会遭受超过30%的回撤。

通过这两个指数的表现，我们能够看出A股"牛"短"熊"长且波动率极高的特征，这也是A股股民不赚钱、收益像坐过山车的重要原因之一。我们曾测算过一个数据，资产的高波动会大大降低长期收益水平。

那么，有没有一种策略能够独立于股票市场，让投资人不用承受大盘的波动呢？本章我们就给大家介绍一个更适合风险承受能力相对较低、追求资产稳健增长的投资者的低波动策略——中性策略。

低波动策略——中性策略

通过前面的学习，我们知道指增策略的投资回报分为两部分：一部分是市场平均收益，通常用 β 表示；另一部分是独立于市场的超额收益，通常用 α 表示。市场中性策略通过同时构建"多头"与"空头"头寸，来对冲代表大盘的 β，以获取单纯的超额收益 α（见图5-2），而这部分收益独立于指数本身。

以国内市场中性策略的构建为例，如图5-2所示，通过买入一揽子股票组合构建多头头寸，股票组合的收益即为 $\alpha + \beta$；同时，股指期货做空指数，空头头寸的收益为 $-\beta$，整个策略的总收益为 $(\alpha + \beta) - \beta = \alpha$。空头端和多头端要保持市值相等，风险敞口相近。

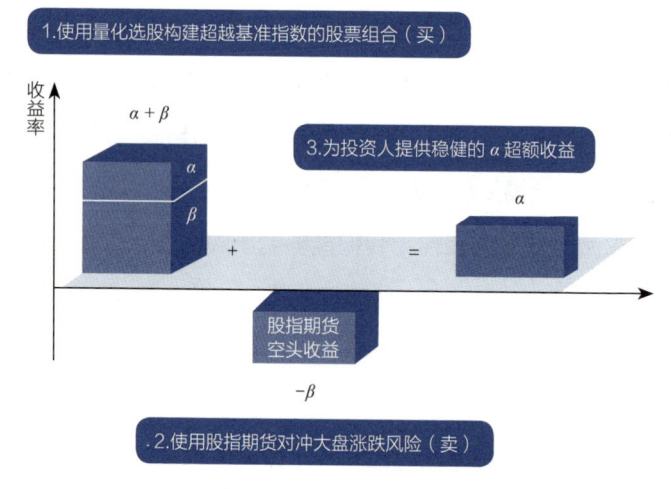

图 5-2　市场中性策略

资料来源：根据公开信息整理。

超额收益来源

中性策略超额收益的来源主要有两个：个股阿尔法和T0增强。个股阿尔法主要通过管理人的选股模型来实现。T0主要通过短期交易，获得比股票整体涨幅更多的收益。T0增强就是通过持有股票底仓来获得日内价差收益，进而达到增厚收益的效果。比如，量化私募管理人持仓的股票在一段时间上涨了15%，指数同期上涨了10%，而管理人通过T0实现了5%的收益，那么中性策略在这段时间最终实现的收益就是5%+5%=10%（实际中要扣除对冲成本）。那么，中性策略是如何做到不畏大盘波动的？

假设市场上涨、下跌和震荡时持仓股票组合均跑赢大盘5%，以上三种不同行情下中性策略的收益=股票组合的多头收益+指数的空头收益=指数的多头收益+5%+指数的空头收益=5%。

在现实中,量化管理人通过量价预测个股分钟级别的走势,确定性较强,盈利通常比较稳定。但缺点是这种策略容量太小,管理人规模越大,T0贡献的收益也越低。因此,可以看出中性策略的收益来源主要是股票的"阿尔法",即通过选股力求超越指数而获取的额外收益。阿尔法收益是量化管理人量化对冲产品表现的决定性因素。

影响收益的因素

根据上面的阐述,我们可以看出影响中性策略收益的因素之一是管理人的选股能力。这个能力决定了长期的超额收益,另外是空头端的对冲成本。

1. 管理人创造超额的能力

管理人创造超额的能力即管理人能否取得跑赢指数的超额收益。这部分主要取决于量化管理人的综合投研实力,长期稳定的阿尔法收益是量化管理人的核心竞争力。

纯阿尔法到底该如何挖掘呢?这基本上就是各家量化模型的核心机密了。但各家的收益来源,大体上就是对以下三个因素的把握:时间序列波动、截面波动和成交额。

时间序列波动,简单来说就是全市场(如万得全A)在一定时间内指数波动的情况,波动越大,时间序列波动就越大,从而越有利于量化策略获取超额。这里面的一些趋势跟踪、反转,都是可以用来做出一些超额收益的。

截面波动,是全市场个股涨跌幅差异化的程度。举个比较极端的例子,假如当天全市场所有股票都涨停或者跌停,而且涨跌停的限制是10%,即全市场所有的股票都涨了10%或者跌了10%,那无论模型多么厉害,都没有办法选到一些股票比另外一些股票好。因为全市场所有股票都一样,这个时候就没有办法做出超额。反之,当全市场股价涨跌的差异程度非常大,比如,今天4000多只股票有一半涨停,有一半跌停,那模型就有机会选到涨停的那一部分,来做出超额收益。所以截面波动越大,越有利于量化策略去获取超额收益。

成交额比较好理解,当市场上的交易没那么拥挤,自然相对就更容易获取超额收益。

2. 对冲成本

多数市场中性策略依靠股指期货空头对冲,这里的对冲成本就是基差。基差=现货价格-期货价格。简单给大家解释一下基差是如何影响策略总收益的:总收益=阿尔法收益+(-基差),当基差为正时,也叫"期指贴水",此时这个负基差就成了股指对冲的成本。而国内市场有很多因素导致期指长期处于贴水状态(通常中性策略每年要付出超过10%的对冲成本),因此对于中性策略的收益不得不考虑贴水的成本,策略的总收益也因此大打折扣。

优势与特征

那么,中性产品适合什么样的投资人?为何是资产配置的重要工具呢?

首先,我们要知道中性策略产品≠固收产品。

中性策略的总收益是管理人创造的阿尔法收益-对冲成本。当市场环境对这两个变量不利的时候，就会导致产品收益的波动，比如，当市场成交低迷或是市场风格骤变（如2021年第四季度）时，是不利于量化策略发挥的。当出现这种情况，叠加对冲成本，中性产品的收益会回撤，投资人可能买入即亏损。但我们也无须过度担心，策略本身对冲市场风险后，整体的风险还是比较低的。

其次，该策略并不适合追求高收益的投资人。

市场上头部中性策略管理人年化收益率平均能做到费前10%～15%，预期费后年化收益率超过10%的投资者可能会对这个策略感到失望。

从资产配置的角度来看，市场中性策略是现阶段国内无法取代的配置工具之一。

市场中性策略与股票多头、债券固收以及其他对冲基金策略的相关性较低。同时，相对于股票多头策略只适应单边上涨行情、厌恶市场波动的特性，市场中性策略对市场上涨下跌均"免疫"，喜好市场波动（市场波动天然有利于量化机构做出超额），可与股票多头策略形成天然互补。在当前国内二级市场对冲策略产品选择较少的情况下，中性策略的配置价值比较突出。长期来看，头部中性策略管理人的费后收益相对于纯固收类产品来说具备一定的竞争力。

国内市场中性策略：起步虽晚，一票难求

相比海外，我国的市场中性策略起步较晚，直到2010年放开股指期货并允许融券卖空交易后，国内的量化对冲策略才得以发展。这一

策略在国内主要经历了两个阶段。

从推广到停滞

2010年推出沪深300股指期货到2015年股市暴跌期间，中性策略开始在私募、资管、公募等机构付诸实践，并得到迅速推广与发展。这一时期，中性策略的问题在于对冲工具单一。当时主要的选股模型选出的股票整体上偏好中小市值，而对冲工具端只有沪深300股指期货，这种过度的风险暴露导致中性策略在2014年底市场风格切换后产生巨大回撤。2014年第四季度，市场上大量的、以前只依靠市值因子之类的一些风控做得没那么严谨的量化管理人被市场淘汰，这也是整个量化行业第一个分水岭。

2015年，中金所相继推出了对标上证50指数的IH合约和对标中证500指数的IC合约，丰富了对冲标的。然而2015年股市暴跌期间，中金所又不得已对股指期货施加了极其严格的交易限制。这一措施导致股指期货的流动性几乎丧失，市场中性策略的发展也陷入了停滞。

规模快速增长

2018年至今是中性策略发展的第二个阶段。2017年，股指期货终于迎来了"松绑"，期货保证金和手续费双降。在2018年股市暴跌期间，中性策略因为表现出穿越"牛熊"的特性而逐渐被市场认可。很多头部量化私募在2018年、2019年依靠中性策略产品迅速扩大了规模。直到2020年，随着中性策略规模快速增长，很多头部机构为了保证超额，开始控制规模，相继封盘。中性策略产品一度陷入"一票难求"的境地，一旦有知名机构打开额度，便可以在短期内迅速售罄。

如何选择中性策略产品

关注阿尔法和对冲成本

从上面的内容我们可以看出,中性产品的收益取决于两部分:阿尔法和对冲成本。对于对冲成本这部分,由于股指期货长期处于深度贴水的状态,且基差波动有明显增大的趋势,纯中性策略可能出现长期收益降低且波动加剧的情况。所以,投资人选择购买中性策略产品要适当降低投资收益的预期,这是其一。

其二,回到"长期净值、人格认知和业绩归因"这几个角度,就人格认知层面,我们要选取具有创造长期阿尔法能力的管理人。而阿尔法能力取决于团队的整体投研实力,包括是否具有高密度人才,能否不断开发新的非同质化因子,能否不断迭代优化策略,在IT建设方面是否有足够的投入,等等。

其三,中性策略管理人在长期净值的考量指标上与量化指增管理人是一致的,这里不再赘述。而在业绩归因层面,中性策略作为一个相对而言风险与波动较低的策略,其管理人的风控水平更是重中之重。我们要重点关注管理人的超额来源是什么,要选择那些严格控制风险因子暴露、有纯阿尔法能力的管理人。

代表性人物

综观国内,很多知名的量化机构都是以中性策略起家逐步发展为多策略融合的,但各家有各自的特色和优势。有的不做T0,全靠阿尔法选股取胜，如2022年百亿量化中性策略的冠军衍复，没有T0和打新收益加持，在中低频领域形成了自己的独特优势，有长期显著的阿尔法；有的则是以期货高频起家，非常善于通过高频和T0策略来增强收益，如稳博和世纪前沿等；还有专注统计套利策略的老牌机构，如金锝、诚奇等。下面给大家介绍两个中性策略的代表人物：仲阳和稳博投资。

1. 仲阳

首先从人格认知的角度来看，仲阳其实在2014年就已经成立了，核心能力圈覆盖指数增强、股票中性、CTA期货管理多种策略。核心团队成员均具有10年以上的策略研发经验。其领军人物孙博2021年底加入仲阳。提到孙博，这位哥伦比亚大学的计算机博士曾经是美股上市公司Virtu Financial（美国市场最大的高频交易商和做市商）的创始合伙人。Virtu Financial创造了自2009年至2013年，1278个交易日中，仅有1天是亏损的纪录。孙博的加入，会使仲阳融合Virtu Financial的两大方面优势：一个是交易执行层面的优势；另一个是Virtu Financial的全频段因子体系——全频段覆盖后的仲阳将更能适应多变的市场环境。

其次从长期净值方面来看，无论是从收益层面还是从风险层面考量，仲阳均可以排在市场前20%之内，位于全市场中性策略的第一梯队。

最后从业绩归因上来看，仲阳的风控管理非常严格。由于严格控制行业、风格等风险因子暴露，其中性产品的回撤和波动控制也一直处于业内领先水平,其长期较为优异的业绩表现主要来源于团队长期显著的阿尔法能力。

2. 稳博投资

我们再来看一下这两年发展迅猛的稳博投资。稳博投资是一家以期货高频起家的量化私募,擅长高频T0,且胜率非常高。在2015年股指期货没有限仓之前,其高频策略曾创造了几百个交易日都没有回撤的纪录。稳博投资因为其中性策略表现一直比较稳定而受到市场关注,它的主要特色如下。

第一,由于以期货高频起家,稳博投资非常善于高频T0,可以作为阿尔法选股策略的补充,来获得一部分增强收益。

第二,稳博投资会做基差择时来增厚收益。例如,当基差进一步扩大的时候,先选择平仓止盈。

第三,与市场上绝大多数仅针对中证500指数做对冲的中性产品不同,稳博投资会同时选择对冲沪深300指数和中证500指数来降低交易成本(沪深300股指期货的对冲成本相对较低)。

第四,稳博投资的回撤控制一直做得比较优秀。例如,2021年市场上的很多中性产品回撤超过了5%,稳博投资中性产品的回撤保持在了较低的水平。

且买且珍惜

首先,本土的对冲成本长年居高不下,同一管理人的指增策略与中性策略从策略逻辑上来讲是一致的,且共用策略容量,管理人从成本和收入的因素考量会更愿意把有限的策略容量分给指增策略与量化选股。

其次，近两年，随着"固收+"产品成为资管行业的新宠，中性策略更是以其相对低波稳健的风险收益特征深受机构投资者的偏爱。很多头部机构的中性策略产品在被资管、FOF基金等机构拿走额度后，留给个人投资者的产品额度少之又少。

基于上述原因，市场上知名的中性策略管理人多数已封盘。对于那些还未封盘的资深管理人，如仲阳、衍合等，优质的中性策略产品可谓是且买且珍惜了。

市场定价错误带来的捡漏机会：套利赚钱之道

与股票、商品资产相关性较低的中性策略，无疑是资产配置中的稀缺利器，是可以被用来代替固收产品的策略之一。但在现实中，纯中性策略产品由于容量的限制，额度非常稀缺，市场上多数知名管理人的中性产品已经封盘。那么，有没有一种策略的长期波动比中性策略还要小，而长期表现却并不逊色呢？答案就是套利策略。套利的原理是在市场完全有效的前提下，同一资产在不同市场的价格是等同的，而两种或多种高度相关的资产之间具有相对稳定的价差。因此，当市场存在短期错误定价导致资产价差有所偏离的时候，我们就可以通过量化模型捕捉到这样的套利机会。所以，从原理上来看，与中性策略会在一定程度上依赖于市场环境不同，套利策略与股票、商品市场的相关性很低且基本不涉及风险敞口，长期波动甚至比中性策略更小。

如图5-3所示，这是一只套利策略做得比较好的某私募基金2016—2022年的净值曲线。可以看出，该套利产品的净值走势非常"丝滑"，相信大多数投资人会认为这是一只类固收产品的收益曲线。那么，套利策略到底是一个怎样的策略？如何能实现如此"惊艳"的收益曲线呢？

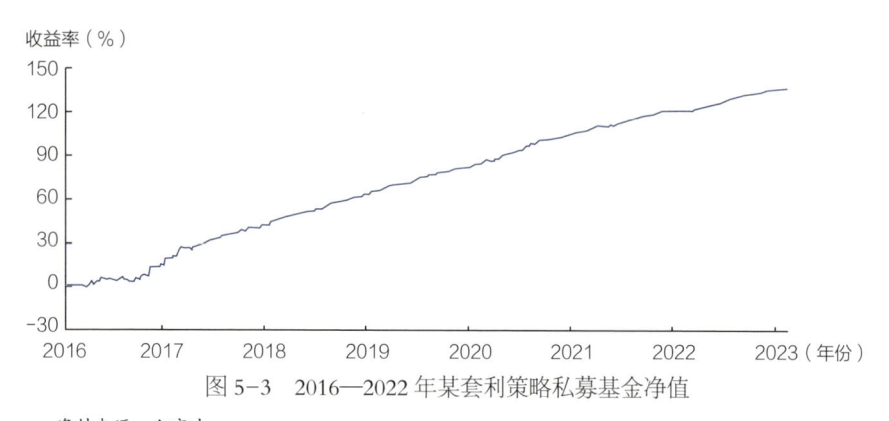

图 5-3　2016—2022 年某套利策略私募基金净值

资料来源：火富牛。

认清套利策略的本质

一价定律

套利策略的本质是一价定律在金融市场的反映。也正是因为套利策略对错误定价机遇的捕捉，金融市场各交易品种在流动性及定价效率上才能明显提升。一价定律中蕴含的便是套利策略的核心思想，即通过捕捉同一交易品种在不同市场中定价错误的机会，以低买高卖的形式进行获利。

我们来看一看套利策略近3年的业绩表现。如图5-4所示，套利策略从收益、波动和回撤来看，很像是"固收+"产品。2020—2022年套利策略指数的收益分别是16.05%、8.09%和3.56%，最大回撤不足1%。

而从各策略指数2022年的表现（见图5-5）来看，套利策略的年化波动率和最大回撤分别是1.24%、0.48%，为五大策略中最低的。

我们如果把时间周期拉长到5年，统计各个策略条线的私募产品在

看中低波稳健，选中性套利 第5章

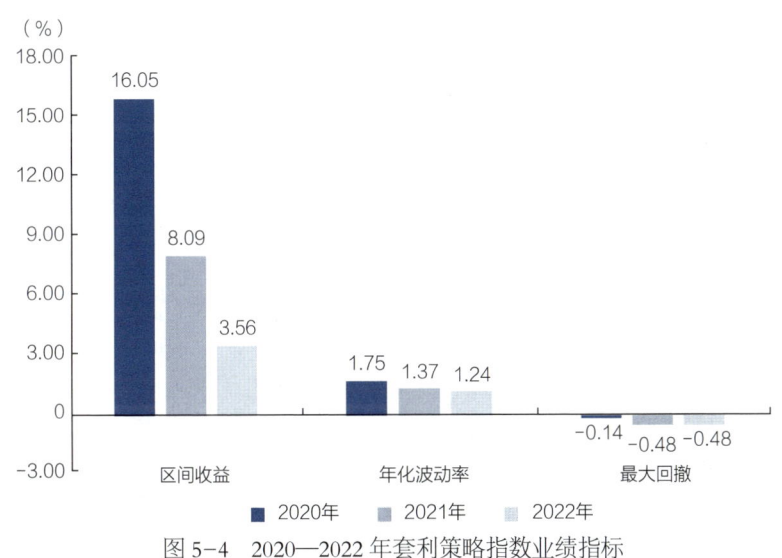

图 5-4 2020—2022 年套利策略指数业绩指标

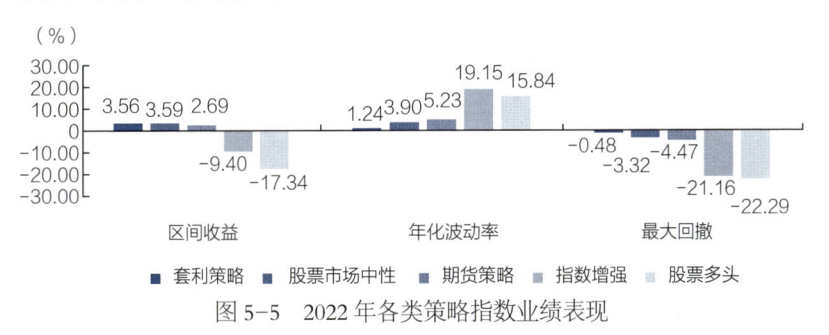

资料来源：根据公开信息整理。

图 5-5 2022 年各类策略指数业绩表现

资料来源：根据公开信息整理。

2017—2021年这5年的业绩可以看出：从收益的维度来看，套利＞中性＞债券。而除了2017年套利策略跑输债券策略，2022年（截至4月8日）跑输中性策略和债券策略外，剩下的时间套利策略均跑赢这两个策略。

169

表 5-1 2017—2022 年分策略私募产品业绩统计

分类	产品数量（个）	2022年以来平均收益率（%）	2022年以来25%分位收益率（%）	2022年以来50%分位收益率（%）	2022年以来75%分位收益率（%）	2021年平均收益率（%）	2020年平均收益率（%）	2019年平均收益率（%）	2018年平均收益率（%）	2017年平均收益率（%）
股票多头	22583	-11.29	-3.78	-11.87	-18.26	9.76	29.97	24.72	-14.23	7.91
市场中性	1150	-1.45	1.77	0.36	-3.09	5.10	12.43	9.04	1.80	2.08
股票多空	233	-9.36	-3.52	-7.53	-13.52	8.73	31.33	15.57	-9.19	5.31
债券基金	4347	-0.12	1.61	0.52	-1.81	6.07	5.53	4.51	1.50	2.95
管理期货	2939	2.50	7.59	0.82	-3.52	10.80	28.16	11.48	4.13	1.48
套利策略	637	-2.06	1.71	-0.27	-4.07	7.93	13.10	10.18	2.17	2.33
宏观策略	584	-7.19	-0.76	-6.53	-13.61	8.63	28.52	17.41	-5.17	6.96
组合基金	2132	-5.92	-0.94	-4.87	-12.69	5.85	19.83	14.71	-5.47	5.53
定向增发	105	-9.22	-0.20	-8.87	-19.26	20.14	24.87	18.98	-16.67	2.91
新三板	28	-6.13	-0.15	-3.72	-14.35	21.28	20.55	7.67	-9.25	-1.57
多策略	3300	-6.31	0.49	-4.90	-14.21	9.14	19.95	15.06	-5.44	2.17
其他	139	-6.41	0.23	-4.69	-14.35	10.10	12.91	9.13	-3.09	2.36

注：数据截至 2022 年 4 月 8 日。

看中低波稳健，选中性套利　第 5 章

综上所述，套利策略可以看成一种低波动、稳健型的策略，其长期波动略高于债券策略而小于中性策略。而从收益的维度来看，套利策略的长期表现是这三种策略中最优的。

长期波动比中性策略还要小

图5-6为自2018年以来，套利策略精选指数和中性策略精选指数的走势对比，明显可以看出：套利策略的长期波动更小。其实，这与套利策略本身的特点息息相关。

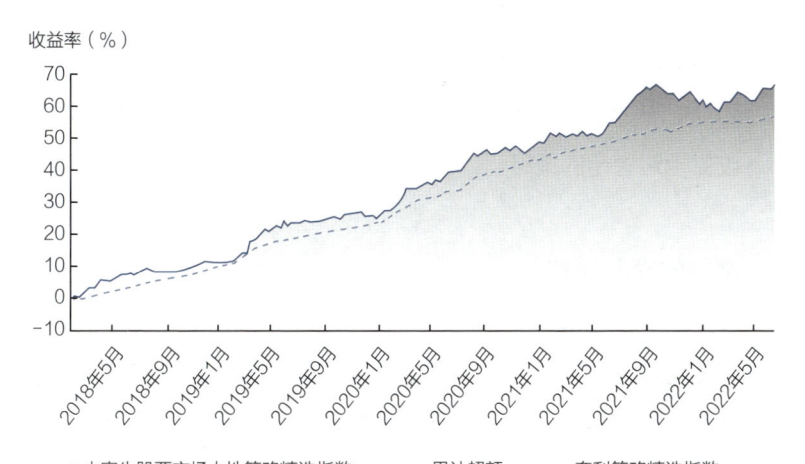

图 5-6　2018 年 5 月至 2022 年 5 月套利策略精选指数和中性策略精选指数走势
资料来源：火富牛。

首先，套利策略的原理是上面所提到的一价定律：当某种资产在同一市场或不同市场拥有两个价格时，以较低的价格买进资产，以较高的价格卖出，从而获取价格差作为收益。比如，小区超市的白菜即便扣除运输等成本，也比批发市场的白菜卖得贵，那我们从批发市场

171

进菜拿到小区来卖，就可以赚到其中的差价。由上述例子可以看出：在市场完全有效的情况下，两项等同的资产将倾向于拥有相同的市场价格，即套利赚的是价格收敛、均值回归的钱，不同于股票策略和期货策略，它不赚市场单边上涨或下跌的钱。因此，套利策略不仅与股票、商品等资产相关性很低，而且由于不赌方向，基本不涉及风险敞口的问题。

其次，从大类上看，套利策略可以分为无风险套利策略和存在一定计量风险的统计套利策略。而无风险套利策略（如ETF套利）赚取的是转瞬即逝的价差，策略本身的风险较低。

因此，从上述套利策略的原理和特点来看，套利策略是风险较小、收益相对稳定的策略。

常见的套利策略

按交易方式划分

根据管理人的交易方式，常见的套利策略可分为主观套利策略和量化套利策略两类。主观套利策略，常见的如主观产业链对冲，这类管理人往往具备对产业链及金融市场的深度认知并拥有第一手的产业上下游数据信息。而量化套利策略的特点则聚焦于高胜率、高交易频率及低盈利。量化套利不依靠投资者的主观判断，而是利用计算机系统构建的数理模型，深度挖掘市场中存在的价格错配现象，并利用这种价格错配进行套利。

按交易品种划分

如果按照交易品种来划分，那么重点要关注的是品种之间的相关性、各个品种的强弱及稳定性。套利策略可应用于近乎所有常见的交易品种。按交易品种划分，其具体可分为期货套利策略、可转债套利策略、基金套利策略、期权套利策略等。我们分别来看看这几种套利策略的含义。

1. 期货套利策略

以期货（包含商品期货、股指期货及国债期货三类）作为交易标的，利用期货市场上不同合约之间的价差进行套利的交易行为，称为期货套利策略，通常可以分为跨期套利、跨品种套利、跨市场套利三类策略。跨期套利策略是同一市场中相同品种不同月份的期货合约之间的套利交易。跨市场套利策略是不同市场之间的相同品种或高相关性品种的期货合约之间的套利交易。跨品种套利策略是同一到期月份，通常具有高相关性的不同品种期货合约之间的套利交易。

2. 可转债套利策略

常见的可转债套利策略主要分为三大类。"转债轮动+对冲"：这个策略就是在量化转债轮动的基础上通过融券、股指期货等进行对冲，获取相对稳定的收益。统计类套利：这里要区分转股和非转股两种情况。折价套利是在转股期间发生的，当计算转股后存在溢价空间的时候就会进行债转股，获取这部分收益；溢价率套利是不进行转股的，而是根据溢价率的波动针对某只可转债自身进行买卖操作，以获取利润。事件类套利：通常不作为单独策略而是作为补充策略出现。比如，在可转债发生赎回、下修等事件时进行的相应操作。由于可转债套利策略的交易机制相比其他套利策略更为稳定，因此参与转债套利的私募管理人也比较多。在可转债领域内，比较知名的管理人有艾方、翊安、悬铃等。

3. 基金套利策略

目前，基金套利策略主要指ETF基金的场内外折溢价套利。当场内与场外的ETF价格存在不一致的情况时，便可以通过买低卖高的形式进行套利。基金套利策略在国内经过多年的发展已经比较成熟，参与者中不乏像盛泉恒元这类百亿元级量化私募的身影。

4. 期权套利策略

期权套利策略主要指以交易所场内期权为交易标的构建的套利策略。目前，期权套利策略仍相对小众，这一领域较为知名的管理人有申毅资产、淘利资产等。

套利案例详解

套利策略原理简单，但操作相对复杂，为方便读者朋友理解，下面我们举两个套利子策略的案例，给大家详细解读一下。

1. 股指期现套利

股指期现套利的原理是：股指期货合约临近交割，期货指数与现货指数趋于相等。在实践中，股指期现套利分为两种情况。

第一种是无风险套利，即当股指期货价格>股指现货价格时，可以做空股指期货，做多一揽子股票。当股指期货到期时，价格会基本等于股指现货价格。例如，假设某段时间沪深300合约高于沪深300指数70.54点，那么，我们可以买进一揽子沪深300的股票，同时卖出一手股指期货合约。假设在合约到期前期现基差（现货价格-期货价格）收窄至1.23点，此时可对套利头寸进行平仓，卖出股票，买入股指期货合约，收益为（70.54-1.23）=69.31点（实际操作中要考虑各种费用)。

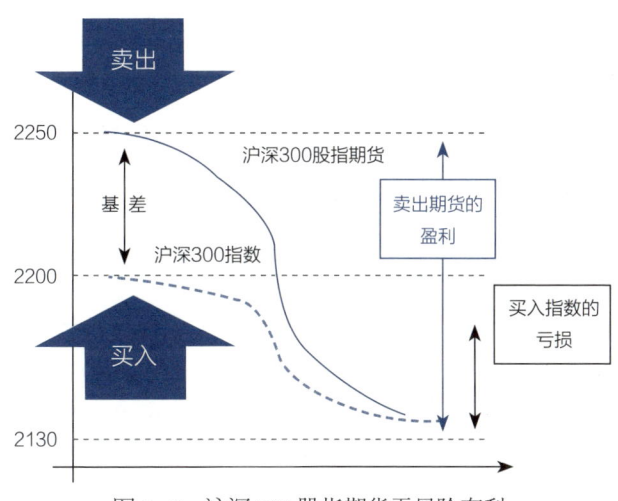

图 5-7 沪深 300 股指期货无风险套利

资料来源：根据公开信息整理。

第二种是统计套利。由于国内股指期货经常处于深度贴水的状态，即股指期货价格<股指现货价格，这里的策略就不是无风险套利了，而是统计套利。在现实中无风险套利的机会很难存在，基本上是统计套利。当认为股指期货价格和现货价格的差值会在一个区间浮动，而价差偏离这个区间，就可以捕捉套利机会。比如，用计算机模型发现的统计规律是期货价格与现货价格的差值在-50到-150之间波动，则可以在价差临近-50的时候，做空股指期货，做多现货，在价差接近-150的时候平仓获利，那么此次套利将获得100个点的价差收益。

2.ETF 套利策略

当ETF出现大幅折价或溢价时，则会出现套利机会。如果套利收益能覆盖套利成本，则能获得正的无风险收益。具体实践中分两种情况：当ETF场内的价格出现较大幅度的折价时，可以在场内买入ETF，再在场外赎回ETF，转换为股票，最后将股票组合以当前价挂牌卖出获利；当ETF场内交易价格出现较大幅度的溢价时，可以在场外申购ETF包含的一揽子股票，用以申购ETF，再将ETF在市场上以当前价卖出套利。ETF折溢价套利流程如图5-8所示。

ETF折溢价套利策略

● 股票ETF T+0：
  √ 买入ETF→赎回ETF→卖出成分股或者反向
  √ 满足扣除手续费具备收益空间，满足最低申赎门槛

―― IOPV   ―― 二级市场价格

二级市场价格<IOPV   二级市场价格>IOPV

（折价套利）   （溢价套利）

买入ETF   买入成分股

赎回ETF   申购ETF

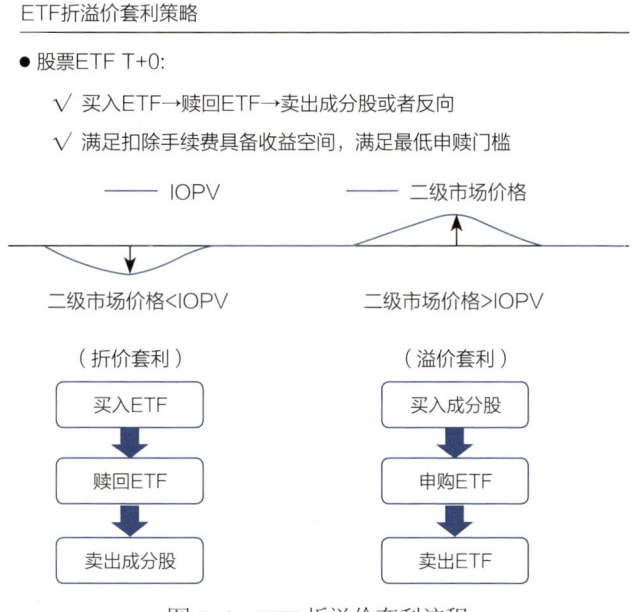

卖出成分股   卖出ETF

图5-8 ETF折溢价套利流程

资料来源：根据公开信息整理。
注：IPOV，基金份额参考净值。

在进行ETF套利时，套利成本是需要重点考虑的因素。ETF套利成本主要包括固定成本与浮动成本。固定成本主要包括ETF申购费、

ETF赎回费以及股票买卖的印花税、过户费、经手费、证管费和交易费；浮动成本包括买卖等待成本和买卖冲击成本。

ETF套利存在的风险主要包括：（1）股票临时停盘所带来的风险；（2）市场极端环境变化较大导致套利成本变高；（3）沪深300ETF涉及跨市场交易，会存在时效性变差的问题。

套利策略难在哪里

首先，套利机会转瞬即逝，如何能抓住机会，这对管理人来说是一个考验。

比如，ETF套利、股指期现套利、统计套利等，都要求有一套快速智能的交易系统，能够抓住转瞬即逝的套利机会。有的套利机会如大宗套利，需要管理人在大宗交易领域有资源储备，更多的是对人员资源的要求；有的如跨市场套利，需要有QDII（合格境内机构投资者）或者收益互换的额度。所以，能不能抓住这些看起来诱人的套利机会，对管理人来说是一个很大的考验。

其次，如何保持套利策略长期收益的稳定，这对管理人来说也是一个难题。这里我们来看两个例子。

如图5-9所示，产品1的策略直接失效了，产品2的策略产生了价差偏离的风险，出现了超出预期的回撤。

其实套利策略天然存在着价差偏离的风险，有超出预计回撤的可能性。做出长期稳定的、好的套利产品，对管理人的策略储备能力以及风控水平都有很高的要求。融合了多种策略的套利产品，往往会比单品种的套利策略表现得更稳定，能更好地避免单策略失效或者价差偏离过大的问题。

综上所述，套利策略要想长期做好并不容易。

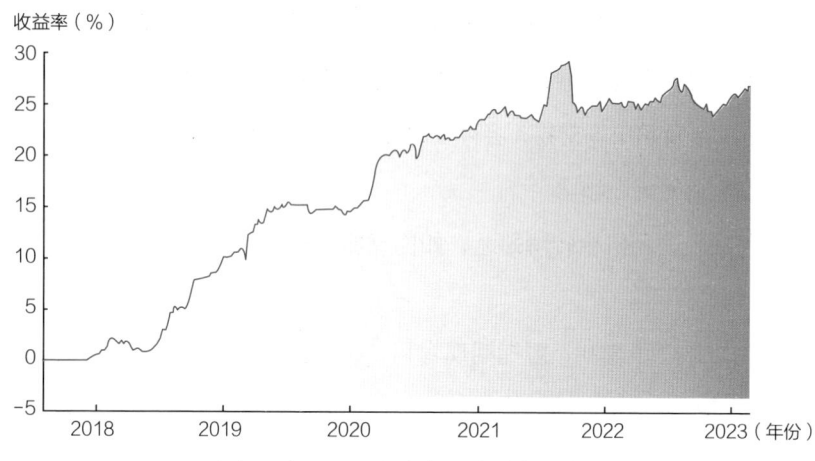

（a）2018—2022年产品1套利策略收益率

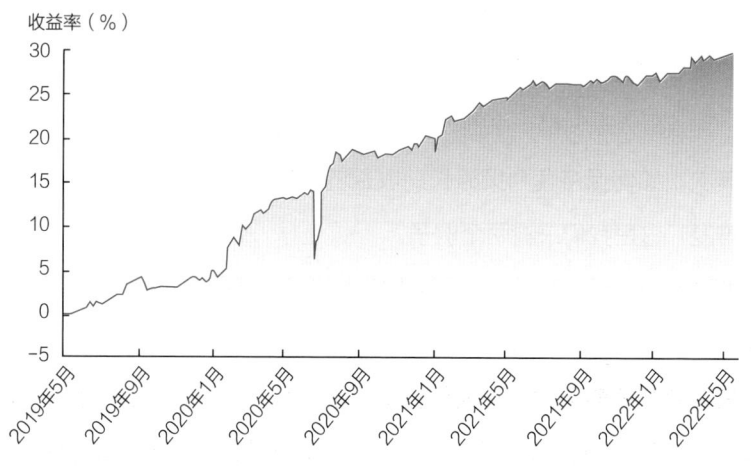

（b）2019年5月到2022年5月产品2套利策略收益率

图5-9　两个套利策略产品收益率

资料来源：火富牛。

国内知名套利策略管理人

套利策略相对小众，放眼望去，国内可以套利作为核心策略而跻身百亿元级或被市场广泛认可的私募机构并不多。这里我们简单进行归类。做基金套利的有百亿私募盛泉恒元、致同投资等，其中盛泉恒元作为一家老牌的量化私募，其量化对冲和套利策略在市场上比较有名气，其套利策略主要通过大宗减持、定增、可转债和ETF折溢价等方式实现；主攻期权波动率套利的主要有百亿私募申毅资产、淘利资产；专注于做可转债套利的有艾方、悬铃等；做股指期现套利最有代表性的是百亿私募博普；而在商品套利方面，值得一提的是多年深耕于跨境商品套利和ETF套利的展弘投资。另外，CTA的套利策略作为CTA的子策略之一，应用也非常广泛，这里不再赘述。

下面以头部套利策略管理人展弘投资和申毅投资为例，向大家展开介绍。这两家的策略大不相同，但长期以来都是稳健产品榜单中的常客。

展弘投资

展弘投资是套利策略里的头部机构，管理规模超过百亿元。展弘是国内最早一批做套利策略的管理人，在贵金属跨境套利、ETF套利、基金套利、可转债套利等领域均有研究，策略储备非常丰富。展弘投资当前的核心套利策略是跨境商品套利（收益来源于不合理的跨境价差，通过低买高卖获利）和证券ETF套利。多种套利策略叠加，就很容易形成复合套利策略。复合套利策略的优势在于可以分散风险、提高资金使用效率，通过子策略的低相关性平滑组合波动。本节开篇展示的非常"丝滑"的长期净值曲线就是展弘投资的复合套利策略产品的业绩曲线。它是为数不多可以在收益、稳定性、规模、风控多方面达到平衡的套利策略管理人。

申毅投资

申毅投资是一家老牌的深耕"套利+量化对冲"的管理人。该公司早期服务于机构投资者,因此长期投资理念是严风控和稳收益。申毅投资主创团队曾就职于高盛集团,拥有丰富的全球资本市场投资经验。目前,其资产管理规模也超过了100亿元。申毅投资的期权策略主要为波动率套利策略,可分为5个小的交易策略:隐含波动率-实际波动率套利策略、波动率斜度套利策略、波动率峰度套利策略、跨市场波动率套利策略和波动率期限结构套利策略。其名下的期权套利策略产品自2015年上线以来,月度回撤控制得很好,运作一直非常平稳。

如何挑选套利产品

人格认知

从人格认知的角度来看,首先要有极其丰富的套利经验,长期深耕某一项或多项领域。不论是商品套利还是股指期现套利,都要求管理人具备极其丰富的套利经验,从而保证策略不会轻易失效。其次是策略储备能力。相对于单品种,融合多品种的套利策略会更稳定。最后是风控能力。做套利策略的核心管理人,风控不合格很容易导致策略失效,这一点可以通过产品的波动率和回撤控制来考察。

长期净值

从长期净值的角度来看,除了前面在如何挑选量化指增产品的部分阐述的业绩评价指标外,还可以考察管理人能否在不同的市场环境下均保持业绩的稳定。比如2022年以来,套利策略不太好做,朝阳永续套利策略精选指数在2022年初到2022年6月这段时间,最大回撤在4%左右,那么我们就可以看看哪些管理人抗住了市场的考验。

套利策略是资产配置中平滑组合波动的比较稳健的策略。投资人在选择套利产品的时候,波动和回撤控制是需要考察的核心因素。考虑到这样的因素,我们建议投资者选择策略成熟的老牌知名管理人,原因如下。

首先,知名老牌管理人通常在套利领域深耕多年,经验非常丰富,对某一种或多种套利策略的研究比较成熟。比如,跨品种策略风险相对较高,不仅需要较强的现货背景,对套利机会的门槛设置也是一门技术活。譬如,某跨品种套利策略的差价从1个标准差扩大到3个标准差,如果认为差价未来将会收敛而执行交易,假设短期内差价继续扩大,就会产生回撤。如果遇到基本面的逻辑发生改变的情况,甚至会发生差价无法回归、套利策略失效的情况。因此,套利策略对管理人在基本面研究和实战经验方面均有较高的要求。

其次,这类管理人的策略储备也相对丰富,它们的套利策略通常是复合策略。在某些子策略遭遇市场环境突然变化时,复合套利策略产品可以通过另一些子策略平滑波动。因此,相比单一策略的套利产品,其表现更加稳定,波动更小。

最后,这类管理人也非常重视风控管理,对于一些留有风险敞口的套利策略,其风险敞口也会控制得比较严格,长期策略表现往往更稳定,回撤控制更优。

实践　认知

投资者在选择管理人的时候,除了看收益/超额曲线之外,还可以用一些股权投资的思维来挑选。要清楚地了解管理人的发展历程、经历的事件、风格、收益构成以及未来是否可持续发展。

寻求收益与风控的平衡：仲阳天王星的攻守之道

仲阳天王星［公司名称：成都朋锦仲阳投资管理中心（有限合伙），注册商标和品牌名称：仲阳天王星］是一家2014年在成都成立的私募量化基金管理人。其产品无论是从收益层面还是从风控层面考量，均可以排在市场前20%之内，并位于全市场中性策略和量化超额的第一梯队。仲阳天王星始终坚持绝对收益和高夏普比率的理念，持续为投资者创造价值。随着外部环境的变化，它也在不断进化，2021年从国外高频量化巨头Virtu Financial引入孙博，成为仲阳天王星发展史上的重大拐点。自此，仲阳天王星开启了上海、成都的双总部、双核心模式，并且在策略开发与迭代、团队建设、品牌焕新等方面全面升级。而未来，它仍将坚守初心、持续迭代、独立思考，朝着国际化的方向迈进。

起步锦官城，远望天王星

从2015年到2022年7年半的时间，仲阳天王星的公司发展可以分为三个阶段。

1. 期货自营完成公司积累和沉淀

我们在2014年完成工商注册，2015年完成了私募基金管理人登记。2015年到2018年这3年我们主要是做自营。我们跟别人不太一样的地方是，同时做高频CTA和股票策略。这期间高频CTA取得了比较大的突破，我们抓住了市场供给侧结构性改革带来的黑色系期货行情和股指期货的交易机会，完成了整个公司的积累和沉淀。

2017年，我们意识到期货市场的风在逐渐消散，行情趋于结束。刚好2017年中金所两次放开股指期货的限制，外部环境改善，所以我们把大量的投研力量放到了股票策略研发上，于是股票策略在2017年中发展成熟。

我们最早的品牌名称叫"朋锦仲阳"，朋锦两个字拆开叫"月月金帛"，一是因为希望高频策略每月甚至每周、每天都能赚钱；二是因为我们四个创始合伙人是朋友，在一起创业，而且都在成都，成都也简称为"锦"，这就是朋锦的两重含义。而"仲"其实代表中间，体现我们追求收益和风控之间的平衡，取中和之道。"阳"是因为我们做二级市场，一直追求向上的力量。这就是朋锦仲阳的品牌来历。

2. 中性赢得口碑，指增同步崛起

2018—2019年，我们陆续拿到了海通证券与招商证券的自营和代销。因为股票策略的容量比较大，同时大券商的认可也给了我们做资管的信心，所以2019—2021年这3年我们就开始做量化资管。

我们在行业内部的口碑是靠量化中性策略积累起来的，这里面有两个原因。一个是历史的渊源，前期我们的代销业务偏少，大量客户都是机构客户，也就是直投比较多。因为机构自营的资金比较偏好量化中性或者对冲策略，所以造就了前期很多客户是中性产品的持有人。另一个是源于公司对风险的谨慎态度。我们的指增策略发展比

别人要晚一点，在2019年开始发行。上一波熊市是从2015年开始到2018年底结束，我们对风险比较谨慎，在2019年6月确认熊市终结后才启动指增策略产品，因为这个时候发指数增强产品是最稳健的时点。

但其实了解量化的人都知道，中性和指增超额的来源是一样的，中性做得好，指增也一定能做好。2019年到2021年，我们的指增策略跑出来的效果也是很不错的。

在这个阶段，为了突出以量化资管和股票策略为主的业界形象，我们把自己的品牌名称从"朋锦仲阳"升级为"仲阳量化"，同时也得到越来越多的认可，到2021年底我们的规模做到了30亿元左右。

3. 重磅人物加盟，全面整合资源

2021年底，我们正式引入了孙博作为战略合伙人，同时全面整合资源，开始在人才、策略、国际化等方面进行大量的布局。

公司现在的核心投研成员有三位。第一位是孙博博士，他是Virtu Financial的创始合伙人。这家公司的交易范围涉及全球30多个国家200多个交易所的上万种金融品种。孙博参与了这家公司从零开始的团队扩张和业务拓展的全流程，也包括部分知名的并购案例。

第二位是宫鹏博士，他是孙博引入的卡内基梅隆大学智能结构系统研究所的博士，专攻机器学习，之前在TrexQuant担任首席投研总监，其间管理了整个TrexQuant最大的投资组合，约15亿美元的全球量化交易策略。宫鹏博士为我们带来了机器学习方面的新理解、新方法。

第三位是我们创始团队的贺方毅博士，中国科学技术大学统计金融学的硕士，史蒂斯理工学院的系统工程学博士，之前在海外也做了10多年的量化交易，曾在法国巴黎银行纽约量化部从事量化策略的研发工作。他比较擅长偏高频、偏统计套利的方向。

目前，我们构建了一个多框架的体系，三位核心成员擅长的领域是互补的。

孙博的加入，一方面帮助我们引进了国外的优秀人才；另一方面帮助我们扩充了因子库和产品线，从中性到现在的300指增、500指增、1000指增，还有量化选股，已经构建了比较齐全的产品线。同时因为我们的业绩也不错，所以规模在2022年逆势增长，从30亿元增长到目前60多亿元。

孙博的加入也标志着海外战略的正式起步。我们海外的公司叫Uranus Research，汉译为"天王星研究"，所以我们现在的品牌升级为"仲阳天王星"，有一个对应关系。"仲阳"承袭了我们对平衡之道和向上力量的初心，"天王星"标志着我们对拓展量化疆域、实现颠覆式创新的美好愿景。

现在我们的规模在60亿元，其中2/3是中性策略，1/3是量化指增和量化选股策略。我们准备花一两年的时间把股票的基础打牢，中性、指增、量化选股这三条线一起发展。因为中低频的CTA规模容量比较大，之后我们也会上中低频CTA的产品，再往后我们会继续开发衍生品的策略。在未来全市场超额中枢持续下降的情况下，逐步拓展更多的投资标的，全面完善产品线，为投资者提供更丰富的选择和更稳健的超额，是我们仲阳天王星未来的发展目标。

未雨绸缪，用发展的眼光看问题

我们公司做事情喜欢看得比较长远一点，提早布局。比如，我们在2015年注册私募基金管理人，2016年就拿到了投顾资质，而投顾资质是需要"3+3"的，所以其实早在2012年我们自己做交易的时候就做了一些铺垫工作。

此外，现在上海的办公室，其实在2019年我们就开始规划了，但是后来受新冠肺炎疫情影响推迟了。趁着2021年孙博加盟，加上疫情影响也在降低，这个规划最终得以实现。

为什么选择在上海？上海在中国是绝对的"量化第一城"。当然，不管是量化还是主观多头，上海几乎是一家独大，其次是北京，最后是深圳、杭州等。仲阳天王星能够在成都发展起来，一个重要原因是成都本地有成都电子科技大学这样非常出色的学校，提供了丰富的IT人才储备。但是从长远的角度考虑，随着量化人才竞争越发激烈，上海这个城市无论是对本地的、长三角的还是对全国的，甚至是对海外人才的吸引力，都是最高的。

当然，这里面还有更长远的考虑。孙博来了之后我们现在正在形成一个全新的业务矩阵，未来在国内外我们都会发展，到时上海就是我们整个全球业务矩阵的中心，国内是"上海+成都"，国外是"新加坡+纽约"，国内国外"四位一体"。

双总部办公的好处在于能够互相补位，我们现在所有部门和岗位在两个城市都进行了设置,随时可以做切换。这个效果是立竿见影的,上海办公室在2022年1月启用,三四月上海因为疫情要求全部居家,但成都却未受影响;后来8月成都限电,也影响了我们的业务,但是刚好我们上海的机房在7月全部建好了,所以整体也没有受到影响。双办公室双配套很好地保障了我们业务的正常运行。

另外,成都办公室的价值还体现在更低的硬件成本和生活成本,它的生活品质是超过很多一线城市的。作为西南地区首屈一指的量化公司,我们对西部地区人才的吸引力是很强的,也能留住一些内部成长起来的优秀人才,让他们有更多的选择空间。

注重人才产出,更欣赏工作态度

国内量化现在算是走完了第一个大的发展阶段的上半场,现在面临的是重新再平衡的过程。行业内目前主要比拼三个方面。一是人才。这些人才跟他们直接对应的产出和因子贡献是息息相关的。同样的一个方法论,不同的人做,做出来的结果是不一样的。二是在机器学习上的研究。因为机器学习在国内的发展满打满算只有5年,中间也出现过各种各样的事件,在这方面无论是理解程度、投入程度还是有效贡献,都还处在需要全面提高的过程中。三是交易执行。现在涌现了一些为量化交易服务的产业链,从交易拆单到极速柜台再到行情加速等,它们在基础设施方面促进了量化行业的发展。

仲阳天王星非常重视团队的培养和投入,目前投研和IT人员有40多人,总人数60人左右。我们会按照自己的计划和市场的变化来决定团队建设的节奏。

我们招人主要有两条路径：第一条是招应届生自己培养；第二条是从海外招一些有经验的、能跟我们互补的、熟悉海外成熟量化行业规范的人。

我们以前在成都专门找了电子科大几个学院的院长合作，现在与浙大、复旦、交大等顶级高校的合作也取得了突破性进展，人才招聘全面打开。另外，孙博在国外做了十几年量化，在美国华人量化圈很有影响力，也足够了解这些人真正的实力。所以凭借孙博的人脉，我们在人才引进方面有了比较大的成果。

我们有多层次的人才激励体系。

第一，根据产出效果来评估个人贡献。我们不是PM（项目管理）制而是军团作战，在招人之前我们就会详细了解这个人的实力、水平和特长，让他在团队内能充分发挥自己的长处，在一个人的产出和贡献能被数据量化的前提下，他的努力和付出都会被看到，我们也会给予他对应的奖励和激励。

第二，工作态度和心理状态也是激励体系的构成部分。量化行业的残酷之处就在于不是所有的努力都会产生即时的回报。但是他足够努力、足够投入，甚至在失败的时候也能保持心态平和持续努力，这种人才也是值得激励的。我们的因子是人工挖掘和机器学习挖掘同步进行的，良好的心态和坚韧的意志不可或缺。

第三，创新性课题。我们非常重视研究，有些新方向、新尝试需要付出很多的时间和努力，甚至难免有失败。我们会根据每个人的精力和特点对这些课题进行分配，然后也会给予相应的考核系数。

另外，在硬件设备上，我们每年会投入5000万元左右或更多，持续地提高算力和更新迭代。在交易执行上，考虑到执行的效果以及保密性防范问题，我们独立开发自己的程序化交易系统以及算法交易。整个量化交易服务行业链的不断完善，让量化公司能更专注于最核心的策略研究迭代，加速了行业的发展和再平衡。

刻在基因里的严格风控与工程师文化

无论是公司历史基因，还是孙博过去在Virtu Financial做自营高频量化交易的经历，都造就了我们极强的风险意识，十分重视在控制风险暴露的情况下获取收益。所以我们的很多产品设计，都会用严格的风控来避免较大回撤。我们不赞成过多地迎合市场，而是按照自己的节奏来。从整个量化的发展阶段来看，第一阶段的上半场已经结束了，下半场的主题是分化，在风险控制得比较好的情况下，大家的业绩表现会出现分化。

我们的中性和指增产品都会控制风险，未来容量能达到三四百亿元。我们也在同步做一些准备，上线了量化选股产品。因为量化选股相当于放开了所有限制，容量天花板进一步打开。

量化选股在全行业还没有完全成熟，所以我们现在是在做两手准备，既把现在控制风险的工作做好，也着手布局风险放开的量化选股，未来量化选股的对标是主观多头。最后投资者会发现，有实力的管理人只要有能力把超额做好，在很多策略上都会具备实力。

其实，把仲阳天王星跟其他私募管理人真正区分开来的地方并不是业绩，准确一点来说是"调性"或者文化。我们整体比较偏工程师文化，不擅长强力的市场营销，而是更注重"内省"。这一方面使得我们内部协作时会更顺畅，另一方面帮助我们养成不浮躁的"调性"，这是我们很大的优势。我们团队中博士学位成员的占比很高，他们非常明白，做研究这个事情是需要一点"静气"的，要环境和内心都保持平静，才能做出有品质且不容易出问题的东西。这种企业文化带领着我们在各个方面都十分注重自身的完善和进化。

量价因子打造稳定超额

量化投资是基于数据层面的分析，挖掘统计规律，所以数据是最底层、最基础的。我们会拿到一些非常原始的数据，这些数据可能是量价类的，也可能是一些另类数据。清洗数据之后通过机器学习或人工的方式进行因子挖掘，这些所谓的因子就是我们找到的一些能够与股价表现相关的因素。不管是通过什么方法挖掘的因子，我们都会做收益预测，对因子做收益拆分，得到它的特征，然后做因子层面的组合。我们需要考虑很多因素，包括组合下来的效果、波动率、收益、回撤，甚至是它的风险暴露，最终构建一个比较完善的策略。总体上就是：从数据到因子、从因子到策略、从策略到模型。

接下来是交易。从模型选出来股票，再到我们交易这些股票，其中有一个实现过程。模型里所设想的比较好的收益，是基于对应的特定价格的，但实际上，标的不一定能以你想要的价格成交，所以需要比较强的交易执行能力，即要具备算法交易。

仲阳天王星的超额收益主要来自量价因子，占到90%左右的比例。基本面和另类因子大概在10%。在2021年9月到2022年4月这段时间，行业内量化产品业绩出现比较大的波动。这期间我们的策略没有大的调整，但是进行了一些微调。比如，我们会随着市场成交量、波动率的下降，降低我们的交易频率。因为交易频率是有交易成本和摩擦成本的，当超额的获取达不到的时候，较高的周转率其实并不理性。因为我们全频段都有覆盖，所以我们有能力降低交易频率。

另外，孙博是2021年11月开始跟我们一起工作的，他带来的东西有一个融合和验证的过程。我们也做了一些准备，在2022年3月的时候加了一小部分他的策略进去，对模型进行了优化。这期间，我们的超额仍然维持上升的走势。

未来坚持做优秀的交易人

投资者在选择管理人的时候，除了看收益/超额曲线之外，还可以用一些股权投资的思维来挑选。要清楚地了解管理人的发展历程、经历的事件、风格、收益构成以及未来是否可持续发展，这样结合判断，才比较稳妥，可以避免管理人风格和投资者偏好的错配。

对于仲阳天王星来说，我们在做全球的布局，视角不只是盯着国内。未来我们要做到在国内交易国内的市场，在国外交易国外的市场，具备全球交易的能力。从更长远的十几年的发展维度来看，我们会坚持做一个具有强交易属性的管理人，不会做销售型，也不会做平台型。我们始终追求的是做一个优秀的交易人。

我们依然坚定地认为，中国是创造量化超额的全球最好的土壤。未来我们还是会扎根中国市场，真正把收益做好，持续发展，也为国内量化交易贡献自己的一份力量。从长远的终局思维来看，中国的市场、中国的交易能力，未来一定会跟美国媲美甚至超过美国，仲阳天王星期望成为美好未来的参与者，甚至是创造者。

CHAPTER 6

第 6 章

不择基不择时，就选全天候

资产配置：投资里唯一的免费午餐

什么是资产配置

让我们试想这样一种情况：作为一名投资者，你并不愿意持有现金，因为你知道现金的利息不足以跑赢通货膨胀，所以想要买入一些资产，获得收益。但买入资产就会有波动，尤其是权益类、商品类等，波动通常还比较大，而你又不想承受其中的波动，这时你会感到精神疲惫。为了避免波动，你开始做择时，资产价格稍有异常就仓皇离场。即便你是一个擅长择时的人，这样的选择也会让你感到很累，更何况你并不擅长，常常上演"追涨杀跌"的闹剧。这不仅造成了物质上的极大亏损，也让你的精神备受折磨。

如果你发现上面这种情况说的就是自己，那你必须考虑一下"资产配置"的思路了。

所谓资产配置，核心就是要解决投资人资产持有过程中的"择时"和"波动"问题，并在此基础上，获取一个较为合理的收益。现代组合投资理论之父马科维茨（Markowitz）曾经说过，"资产配置多元化，是投资的唯一免费午餐"。

所谓资产配置，著名经济学家巴曙松曾经在文章中给过专门的定义，即以投资者的风险偏好为基础，通过定义并选择各种资产类别、评估资产类别的历史和未来表现,来调整各类资产在投资组合中的比重,以提高投资组合的收益风险比。

这个定义很经典,它言简意赅地点明了资产配置能够帮助投资人"穿越牛熊"的两大核心:一是心理要素,用来确定风险偏好;二是技术要素,用来构建对应组合。

契合投资者需求的组合配置

巴曙松关于资产配置的定义偏现代金融学范畴,但关于资产配置的思想可谓源远流长。

最早关于资产配置相关概念的记载可以追溯至2000年前的犹太经典《塔木德》,其中提出"所有人将他的资金分成三份,三分之一投资于土地,三分之一投资于商业,还有三分之一留下备用",可以说是非常古朴地契合了资产配置理念。

现代资产配置理念的发展和完善,也大致经历了几个阶段,或者说经历了几大不同的框架模型。这些模型都在试图解决巴曙松定义里提到的:到底该如何更好地调整各类资产的权重,以实现一个契合投资者需求的组合配置。

固定比例模型

固定比例模型又叫恒定比例模型,常见的主要是等权重投资组合和股四债六组合。

等权重投资组合很好理解,即将总资产分为N份,分别投在不同的类别,这样可以让组合更好地适应不同的经济环境。瑞士著名投资人Marc Faber认为，最理想的资产配置策略就是等权重投资组合策略，将资产等分地投资在黄金、股票、房地产、债券或现金上，并且认为投资者的目的不应该是获取巨额收益，而应该是在各种环境实现资产的保值增值。实际上，我们前文提及的犹太经典中的方法，本质上就是一种等权重构建投资组合的方法。

"股四债六"的思想，最早出现在20世纪30年代。那个时代，较为普遍的观点是股债之间的相关性极低，甚至趋向于零，所以这样的配置可以在很大程度上分散风险，较之单纯投资债券或者股票，这种方法在夏普比率上都有了较大提升。但从投资者诉求来说，这个策略的波动还是太大，有优化空间，尤其是在股债相关性急剧上升的阶段。

显然，在这样的情况下，人们需要更加科学的资产配置模型。此时，均值方差模型应运而生。

均值方差模型

1952年，马科维茨提出了均值方差模型，成为现代投资组合理论的量化开端，资产配置理论开始从定性向定量转变。这个模型将不同资产的收益率和协方差，作为预期收益率和预期风险的估计值，结合投资者的效用无差异曲线来确定权重，达到组合的最优配置。

此后，目标收益模型、目标风险模型、20世纪80年代以耶鲁大学为代表的鼎鼎有名的"大学捐赠基金模型"以及1992年高盛提出的BL模型等，都是在此基础上改进的。只要是以求达到更加符合投资者需求的资产配置组合，都属于均值方差模型的拓展。

但均值方差模型本身的缺点也是比较明显的，它更注重投资组合的头寸比例，而不关心风险资产对整个组合风险贡献的差异，从而不能对风险来源和风险结构进行很好的跟踪监控。这也就为后来风险平价模型的出现提供了契机。

风险平价模型

风险平价模型是资产配置理论和实践的重大突破。这种思想最初由桥水基金（Bridgewater Associates）于1996年提出，并同时开发了基于风险平价思想进行资产配置的全天候投资组合。2005年，风险平价的概念被正式提出，量化的风险平价模型也应运而生。

在风险平价模型的基础上，最小方差配置模型、风险预算模型、等波动率配置模型等先后出现，试图找到真正关注风险的组合配置。

经过20多年的实践检验，这个模型的运行结果还是令人较为满意的。这是迄今为止在资产配置模型上，走得非常靠前且经受住了市场考验的一个策略框架。

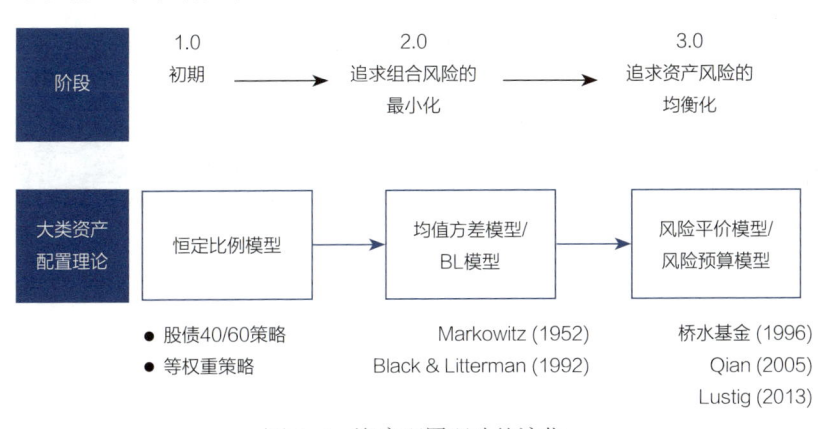

阶段	1.0 初期	2.0 追求组合风险的最小化	3.0 追求资产风险的均衡化
大类资产配置理论	恒定比例模型 ● 股债40/60策略 ● 等权重策略	均值方差模型/BL模型 Markowitz (1952) Black & Litterman (1992)	风险平价模型/风险预算模型 桥水基金 (1996) Qian (2005) Lustig (2013)

图 6-1 资产配置理论的演化

资料来源：根据公开信息整理。

去繁从简，交给专业人士

通过上文对资产配置发展历程和不同框架的分析，我们不难看出，要想真正地践行资产配置，投资者其实面临诸多需要克服的困难。对于资金量、研究能力都相对有限的个人投资人而言，在进行资产配置时可以参考以下方法：

第一步，要从内心坚定资产配置本身，并选择一种资产配置框架；

第二步，要在此框架内，研究不同资产的属性以及相关性；

第三步，模型搭建完毕后，要有足够的金融工具对个人投资人开放。

可以说，其中的任何一步都不容易，单以第二步资产属性和相关性研究为例，我们看一下耶鲁捐赠基金的数据来源和研究过程，就知道有多困难了。

如表6-1所示为研究资产属性时用到的资产历史相关系数矩阵，数据未经调整。我们主要看表中繁杂的数据来源。

表6-1 历史相关系数矩阵

	美国股票	美国债券	发达市场股票	新兴市场股票	绝对收益	私人股权	实物资产	现金
美国股票	1.00							
美国债券	0.01	1.00						
发达市场股票	0.58	-0.04	1.00					
新兴市场股票	0.40	-0.22	0.57	1.00				
绝对收益	0.69	0.11	0.49	0.53	1.00			
私人股权	0.41	-0.38	0.27	0.32	0.61	1.00		
实物资产	0.01	-0.10	0.17	0.07	-0.22	0.13	1.00	
现金	-0.06	0.50	-0.12	-0.15	0.09	-0.18	0.06	1.00

资料来源：美国股票，给予标准普尔 500 指数（1926—2005 年）70% 的权重，罗素 2000 指数（1979—2005 年）、DFA Small Companies Deciles 6-10（1926—1978 年）30% 的权重。美国债券，雷曼兄弟政府债券指数（1973—2005 年）和伊博森中期政府债券指数（1926—1972 年）。发达市场股票，MSCI EAFE 指数。新兴市场股票，国际金融公司（IFC）新兴市场指数（1985—1997 年）。MSCI 新兴市场 Free（1998—2003 年）和 MSCI 新兴市场指数（2004—2005 年）。绝对收益，剑桥协会的数据（1989—1993 年）和 Tremont 综合指数（1994—2005 年）的加权平均。私人股权，剑桥协会。实物资产，剑桥协会和美国房地产投资受托人理事会（NCREIF）。

如表 6-2 所示为调整后的相关系数矩阵。数据调整和矫正的过程就持续了多年。这种时间成本，只有具有规模优势的机构才可以承担。

表 6-2 调整后的相关系数矩阵

	美国股票	美国债券	发达市场股票	新兴市场股票	绝对收益	私人股权	实物资产	现金
美国股票	1.00							
美国债券	0.40	1.00						
发达市场股票	0.70	0.25	1.00					
新兴市场股票	0.60	0.20	0.75	1.00				
绝对收益	0.30	0.15	0.25	0.20	1.00			
私人股权	0.70	0.15	0.60	0.25	0.20	1.00		
实物资产	0.20	0.20	0.10	0.15	0.15	0.30	1.00	
现金	0.10	0.50	0	0	0.35	0	0.30	1.00

资料来源：Yale University Investments Office。

所以，把专业的事交给专业的机构投资人，是实践标准的资产配置理念的必经之路。目前，市场上资产配置模型的核心代表为风险平价模型，围绕该模型，市面上有很多金融工具可供我们参与。书中下一节将集中探讨这种标准模型。

资产配置方案严格践行起来难度很大，那有没有更适合个人投资者的资产配置方案呢？下面就给大家介绍一下适合个人投资者的朴素版资产配置方案。

个人投资者的朴素版资产配置方案

既然是朴素版的配置工具和方案,自然在实践上就不会那么严格,但它必须有资产配置本身的"内核"。那这个内核究竟是什么呢?我们认为,是通过资产的分散配置,以达到风险的分散。只有在这个基础上,投资者才能穿越牛熊。具体的配置工具/方案,我们简要列举如下。

跨品种 / 跨市场 / 多策略配置基金

基金是我们日常生活中常见的金融工具。其实基金本身因其通常有最高集中度的要求,所以在一定程度上,已经属于做了资产配置。但如果能在这个基础上,做进一步的资产类别、国别和策略上的分散,那就更理想了。

跨品种的分散相对常见,如一些"固收+"产品,会在债券资产之外,加上一些股票资产。这种配置,在股债分化的市场环境下,相比于单一的配置,会起到比较好的平抑波动的作用。

跨市场的分散是比较稀缺的,很多公私募推出的全球市场配置的基金,公募中的南方、易方达等,私募中的进益资本等,都是其中比较有代表性的管理人。

但平心而论,公募由于规则和工具上的限制,很多时候,所谓全球配置,兜兜转转买的还是国内的资产,即便外拓一步,买的也是大中华区域的资产或海外上市的中国资产,其实并不能实现跨市场配置

不择基不择时，就选全天候 **第6章**

的初衷。但很多私募，因为各方面都相对灵活，反倒是非常好地实践了全球资产配置的目的。如图6-2所示为2017年12月至2022年4月进益资本代表性产品线投资组合资产分布。所以总的来说，如果要配置跨市场的基金产品，还是要搞清楚底层投向到底是如何规划的，不能最终买一个"徒有其表"的产品。

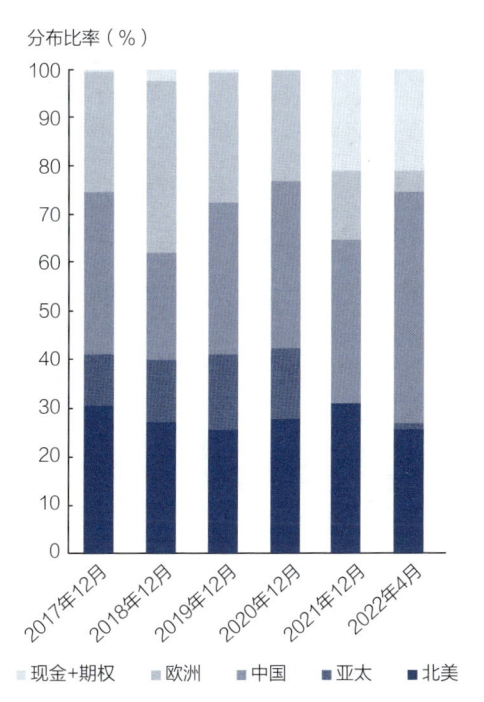

图 6-2　2017 年 12 月至 2022 年 4 月进益资本代表性产品线投资组合资产分布
资料来源：进益资本路演公开材料。

多策略配置的基金，是单一基金产品中非常好地践行了资产配置理念的金融工具。所谓多策略，就是在一个基金产品中，包含多个配

203

置策略，常见的有："CTA+指增""CTA+套利""债券+套利"等。我们以"CTA+指增"为例，其实在第五章已经讲过了，这种策略不仅提高了资金的使用效率，而且两种不同的资产和策略，可以相对较好地降低波动。

但策略再多，终究只是单一基金产品。

二次配置，选FOF

FOF，全称为"Fund of Fund"，直译"基金中的基金"，即把基金产品作为底层资产的基金。从这个意义上说，一般的股票型基金其实可以叫作"Fund of Stock"，而债券型基金则可以叫作"Fund of Bond"。这种对比可以很容易地看到FOF的一个非常重要的特点：相比直接以债券和股票等为底层资产的基金而言，它在降低波动性方面，更进一步。

1. FOF的优势

有效降低波动的优势，投资人对此基本表示认可，但疑惑也随之而来：我认可FOF在资产配置、降低波动层面的意义，那我可以自己搭建组合，为什么要把钱交给FOF管理人呢？FOF管理人又能够满足投资人的什么需求呢？我们认为选择FOF有以下好处。

首先，它满足了部分投资人"基金多、选基难"的问题。根据基金业协会的数据，截至2022年6月27日，国内存续的私募管理人多达2.46万家，管理产品的数量多达13万只。因为整体私募基金数量很大，个人投资者很难从中进行选择，即便能选出来，也费时费力。而对于投资而言，时间就是金钱，所以需要交给专业的FOF基金经理去缩短这段筛选的时间。

其次，FOF可以更好地帮助投资者实现基金的优中选优。如上所述，"选得快"很重要，但"选得好"更重要，最终的目的是实现"又快又好"。很明显，FOF基金经理相对个人投资者在框架的稳定性、信息的及时性等方面都更有优势。以鹏扬基金的一个稳健型FOF基金经理的情况为例，他在几年的FOF从业生涯中，亲自调研的基金经理数量高达700人，这种数量的调研背后所呈现的专业性、信息优势、感知能力等，必然可以满足一些投资人的选基需求。

再次，研究好了却买不到，也是很多个人投资者面临的困境，甚至很多人在投资FOF的时候感慨"份额和资源，甚至成为FOF管理人能否成功的关键因素"。其实，很多优秀的管理人往往更喜欢机构投资者——因为机构投资者的钱更加稳定，投资期限更长，也因此更有利于其操作和享受长期复利。

最后，最易被忽略的一点是，正如我们上文所说，构建组合是非常讲求科学性和专业性的。FOF基金经理在组合资产的构建手法上，必然会更关注内部资产的相关性。

2. FOF 的种类

第一种是单策略FOF，如主观多头类FOF、指增类FOF/套利类FOF、纯CTA-FOF等。拿博孚利的CTA-FOF基金来说，它会在各个风格、各个品种、各个频段都选取相对来说较为优秀的管理人，从而达到配置的目的。

第二种是产品组合式的FOF，也可以叫作"拼盘式FOF"。比如，某些代销渠道将自己精选的管理人的产品，组成一个FOF对外出售；又如，高毅这样的平台型管理人，为了让客户尽可能多地触达自己的基金经理，也为了照顾部分客户一键配置多位基金经理的需求，就专门推出了认购高毅平台内多位基金经理产品组合的FOF。

前两类其实都不太符合广义的资产配置，只能说相对而言分散了一定的风险。

第三种是资产配置型的FOF，即投资多类资产并且把这几类资产进行合理配置。我们以中泰资管的FOF产品线为例，可以一睹此类资产的特点。除了中泰资管之外，国君资管、华软新动力、明晟东诚等FOF玩家，也都是走的此类路线。

总的来看，作为"朴素版资产配置工具"，FOF，尤其是其中的资产配置型FOF，绝对是符合标准的。

全天候策略：穿越牛熊，无惧市场波动

上一节我们比较系统地探讨了何为资产配置，以及普通人进行资产配置的有效工具——FOF。但是，FOF虽然在分散性、不相关性上具备优势，但也存在一些无法解决的问题。例如，风险和回撤仍有不可控的概率；长期收益与FOF所投市场的股票指数高度相关，无法最优化。那么有没有一种策略能解决这些问题呢？桥水全天候用近26年11.4%的年化回报率回答了这个问题。

美国著名作家Tony Robbins曾在*Money: Master the Game*一书中详尽披露了全天候策略的历史回测数据：

从1970年的1月到2022年的4月，全天候策略年化收益12.1%。

投资者在超过86%的时间（26年）中都能赚到钱，仅有4年收益为负，这4年平均回撤仅1.9%。

最大的回撤（-3.93%）发生在2008年，横向对比，该年标普500指数重挫37%。

以标准差衡量的风险度仅7.63%，投资组合的风险和波动极低！

2008年，哪怕是在金融危机之中，全天候策略在特殊宏观风险暴露下，依然展现出有效性。在2007年7月至2011年8月期间，该组合

累计的投资回报率达到了43%。而同期传统投资组合的投资回报率仅为1%。

收益稳定、与股指相关性不高、回撤可控，这种神奇的策略到底是如何做到的呢？

什么是全天候策略

核心理念

全天候，英文为All weather，意思是各种复杂天气的总称。

桥水创始人瑞·达利欧曾提到，他用了整整1/4个世纪去思考一个问题：

"我们会遇到经济复苏、经济衰退、经济滞胀等各种各样的宏观环境，那么我们应该持有怎样的投资组合，才能保证在所有环境下都能有好表现？"

所以，全天候策略构建时是从风险角度去配置资产的：不同的经济环境里，表现最好的资产也各不相同。

全天候策略有两个核心要点，一个是风险平价，另一个是风险调整。风险平价：理论上不同类别资产的收益是不能被准确预测的，但它们的单位风险收益是相似的。风险调整：任何风险经过调整后都能产生一个目标的年化收益。比如，我们能通过杠杆，将债券的风险调整至类似于股票的风险水平。同样，我们可以调整其他资产类别的风险水平，直至它们的预期年化收益都能达到给定的目标。这样的话，我们就可以在资产组合里放入更多低相关性的资产，由此衍生出风险平价的概念。测算下来，一个具备适度杠杆、高度分散的组合，其风险收益比要远高于一个无杠杆但集中度较高的传统组合。

股债平衡（40/60）的传统组合，看似可以获取较为稳健的收益，但实际潜在风险不容忽视。因为组合90%的风险来自股票，而债券资产对组合的风险贡献仅为10%。

在1995年至2001年间的互联网泡沫中，很多机构投资者意识到这种配置模式的尾部风险巨大。当市场变得极端时，各类平时相关性较低的资产会突然呈现正相关性，造成组合模型失效。

综合下来，全天候基金的核心理念是在不对未来做任何预判的前提下，等权配置风险预算至四个基本经济环境。组合在极端的经济情况下，通过对多类不相关资产进行互相对冲，仅剩下所持有各类资产的风险溢价来获利。

策略优势

全天候策略本身不依赖于择时和择股，也不依赖于经济周期，是一个以资产配置为主且以风险平价做方法论基础的策略。单类资产面临的不确定因素越来越多，全天候策略面对各个经济情况时都有应对的措施，可以避免单一策略失效，进而使投资者从市场上获取一个长期稳健的回报。

同时，全天候策略通过对股票、商品、债券等进行相对均衡的配置，可以有效控制组合波动，均衡组合的年度表现，提升整体的持有体验，通过长期、稳健的投资收益带来巨大的复利效果。

拉长周期来看，全天候策略能够帮助投资者从市场上获取一个可靠且可持续的超额收益。

美国畅销书作者Tony Robbins下面这句话在某种程度上概括了全天候的优点："当寒冬的萧瑟开始敲打每个投资者，全天候策略组合能让你在这极寒中（自在）享受溜冰、滑雪和热巧克力。"

业绩表现

自全天候策略基金1996年成立以来，截止到2022年，年化收益11.4%，优于美国股票市场7%，也好于传统的股债平衡组合（40/60）的6.3%。仅用20年，桥水旗下全天候策略的资产管理量就从2亿美元膨胀到607亿美元（来自Preqin统计），而桥水基金整体管理着约1500亿美元的资产。

全天候策略在实践中的应用

运行方法

首先，桥水把经济环境大致分为上升周期和下降周期，主要考察经济运行情况和通胀情况。根据它们的变动，经济环境可分为四种情况：经济上升、经济下降、通胀上升、通胀下降。

不同经济环境，对应不同资产类别，也就有不同的收益率曲线。具体表现如下。

在经济上升期：股票、商品、公司信用债、新兴市场债券将有较好表现。

在经济下降期：普通债券和通胀挂钩债券表现较好。

在通胀上升期：通胀挂钩债券、商品、新兴市场债券表现较好。

不择基不择时，就选全天候 **第6章**

在通胀下降期：股票、普通债券表现较好。

从资产的角度来看，股票资产在经济增长时有一个不错的表现，而债券资产则在经济下行或者通胀下降时表现更佳，商品则在经济上升或通胀上升时投资回报更好。

桥水的全天候策略将所构建的四种情况下的四种组合各自分配25%的风险权重，将投资组合暴露于宏观经济环境中的风险平均分配到这四个经济环境中（见图6-3），其核心理念是风险平价。

	增长	通胀	
上升 ↑	25%风险 股票 商品 债券	25%风险 通胀挂钩债券 商品	↑ 上升
市场预期			市场预期
下降 ↓	25%风险 债券 通胀挂钩债券	25%风险 股票 债券	↓ 下降

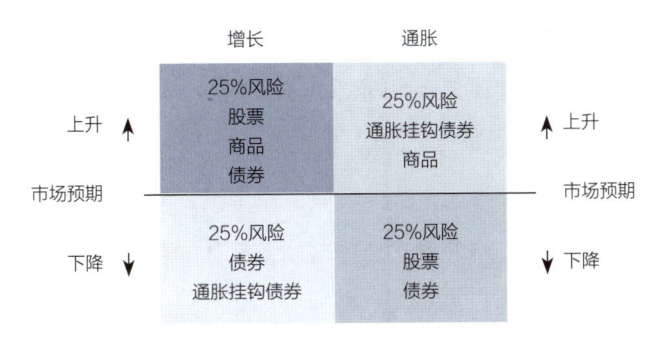

图6-3 桥水全天候策略

资料来源：根据公开信息整理。

换句话说，就是在限制条件下，构建一个风险最低的投资组合。在这个组合中，不同类别的资产提供的风险波动是均等的。

全天候策略最突出的一个特征是不择时不择股，波动率可控，长期趋势是稳健增长的，与股票、债券及商品等各类资产呈现低相关性。因此，这一策略不仅能免去择时的烦恼，还能在控制风险的同时取得良好的回报，性价比非常高，比较适用于不会选择各种投资策略的人群。

对于想要获得长期稳健收益的投资者来讲,这一策略帮我们避免了择时择股的困难,我们也不会轻易因为权益市场波动问题而拿不住,从而享受不到资产长期持有的收益。

基础配置

在一次访谈中,桥水基金创始人瑞·达利欧首次披露了关于全天候策略的基础配置。

为了降低风险敞口,瑞·达利欧建议投资者将30%的资产配置到股市,55%配置到中长期国债。另外,为了对冲高通胀和"股债双杀"的风险,他还建议将剩余的15%的资产对半配置到黄金和大宗商品。这个配置在2013年有了调整。

由于真实资产操作中全天候策略非常复杂,它通常会给国债和债券头寸加杠杆,以保证收益和风险敞口。具体的分配细节亦属机密,这里瑞·达利欧只是提供一种简单、可行的分配思路。这对于普通人实际操作有一定的参考意义。

涉及更精细的配置方案和业绩获取,则需要更为专业的人员去做策略和组合的运行。

普通人可以依靠"全天候"对抗周期波动吗

两大难点

"全天候"作为一种资产配置策略,有两个非常大的难点:一是配置哪些资产,二是如何决定资产权重。

全天候策略的资产范围极其广泛,包括股票、大宗商品、信用债、抗通胀债券、利率债、新兴市场债券等；组合权重方面，将宏观环境划分为四种状态，每种状态分配25%的风险，即每种状态对组合风险贡献相等。这里需要精细计算和评估，如果无法实现，那就失去了个人投资者配置全天候策略的核心意义。

所以，如果对这类资产策略感兴趣，最好的方式是投资基金，让专业的投资团队来完成资产配置。

相对美国成熟市场，中国市场各类资产的波动性要更大一些。风险资产的工具如杠杆率，资产类别如通胀挂钩的保值债券的缺失，都是在国内实践全天候策略时要注意的问题。

代表性私募

1. 艾方资产

国内全天候策略集中在量化私募，比如，幻方、艾方、卓识、白鹭、申毅、明汯，不过以上的量化私募，除了艾方以外，都没有重点布局全天候。

艾方成立于2012年，是国内最早发行多策略量化对冲基金产品的专业机构之一。其核心成员具有海外及国内市场投资实践，在交易、研发及数据平台等基础建设上投入较多，相对成熟。

艾方的全天候策略，是公司当下的核心策略。它的全天候策略大概有以下三个特点。其一，充分保持资产的分散性。其二，艾方用可转债代替了比较多的债券头寸，底层更具攻击性。其三，在构建方法上，艾方全天候策略中，量化的角色相对比较重，毕竟公司是依靠量化起家的管理人。

所以，艾方全天候策略的优势在于多产品线、分散、本土化，结合量化多年跑出来的成功实践，能够较好地发挥自身优势，适应国内市场。

2. 雪球资管——"长雪全天候"

主观私募做全天候的不多，目前主要是雪球资管在布局。

雪球资管是雪球的全资私募基金公司，核心管理和投研团队来自头部公募基金、证券公司投资部门，历史合计管理规模超千亿元。

雪球资管核心研究团队在宏观和资产配置领域有丰富的投资经验。而且从雪球资管成立之初，公司就锚定了全天候策略，是国内纯粹做全天候策略的机构之一。

国内资本市场波动大，且整体呈现"牛短熊长"等市场特征。雪球资管针对国内市场的这些特点，定制了本土化的全天候投资策略。

"长雪全天候"是国内市场一个非常纯粹的全天候策略。这个产品以风险平价方法论为基础，构建一个多品种投资组合，在四种经济环境配置25%的等额风险权重，构建一个稳健的大类资产组合（见图6-4）。

比较特别的一点是，雪球资管在这个全天候组合配置的基础上，增加了通过主观基本面研究驱动获取阿尔法的能力。

这里的主动阿尔法有两个影响因素：一个是组合动态风险预算管理，以宏观及中观基本面驱动，在大类资产之间进行优化，超配低估值资产，低配高估值资产；另一个是资产间相对价值的选择，以微观深度研究及交易驱动，在特定资产中充分挖掘最底层资产的超额收益机会。

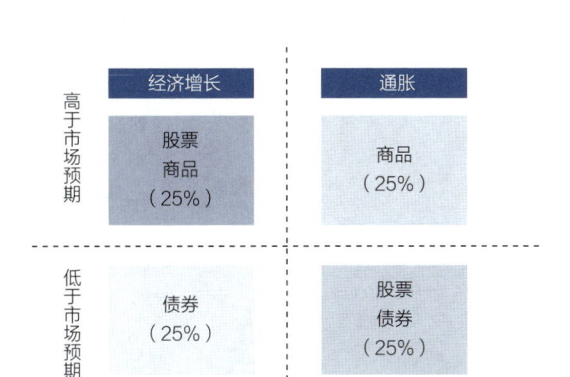

	经济增长	通胀
高于市场预期	股票 商品 （25%）	商品 （25%）
低于市场预期	债券 （25%）	股票 债券 （25%）

图 6-4 "长雪全天候"策略

如何挑选管理人

回到我们刚开始的问题上：普通人可以依靠"全天候"对抗周期波动吗？

你可能已经有了自己的答案。

首先，如果你是一个追求长期价值稳健增长的用户，且比较重视产品波动率及回撤控制，那么全天候就是非常适合你的产品。

其次，你需要去看做这个策略的团队与全天候策略的匹配性如何，观察宏观研究的投研团队和资产配置团队的实力够不够强。

最后，如果是有长期业绩的产品，我们可以验证其业绩，并进行归因，综合选择适合自己的产品。

配置产品是不是意味着只选自己信服的策略以及产品？答案是否定的。无论选择策略还是选择产品，都不是一件简单的事，更何况是多资产配置决策呢？

实践　认知

我们很难用某个单一的策略战胜所有的市场环境。
用量化的方式去做多资产的组合,
是一种效率更高的方式。

艾方叶展：情绪短线、价值成长，做到极致就是量化

A股历来以变幻莫测著称，无论是10年前的短线题材、3年前的价值成长，还是2022年复杂市场的题材轮动。万般变化，皆是市场。然而，市场中参与的投资者，大多只有一种投资风格，因此很难在各个市场环境都有很好的适应性。但是，叶展是一个例外！他是泽熙投资如日中天时的核心成员，曾将交易做到极致；也是中泰资管声名鹊起时的CEO，曾将价值做到极致。

风风雨雨25年，浮浮沉沉诸多来者。叶展选择了用量化将投资进行到底，追求绝对收益。

人生有很多阶段，投资也是如此

我人生第一个股票账户是在1997年开设的，那时我大学三年级，就读于南京大学金融系。1997年是一个牛市，在那样的氛围下，我自己又是一个金融系的学生，所以按捺不住诱惑，找家里拿了一点钱，开了一个证券账户。这也是我人生正式开始做证券投资，到现在已经有20多年的时间了。

我的投资经历也比较漫长，中间经历了很多的变化和阶段。在这个漫长的历程中，我曾被无数次打脸，也得到了一些经验教训，就这样循环往复，不断成长。

刚刚踏入证券市场的时候，我更多地会去看一些大师的访谈。当时有一些介绍国外著名投资大师的访谈录，但后来在实践中我发现，书上讲的跟实践还是有很多脱节的地方。

我第一份工作是《上海证券报》的财经记者，有幸利用这个工作机会接触到市场中很多投资大师，跟很多人有过面对面深入交流的机会，从他们身上也学到了很多。

后来我去了泽熙投资。这在我的投资生涯中还是挺重要的一段经历，因为短线交易这样另类的方式是很少在教科书里面出现的。我们之前接触到的很多理论、书籍，更多地偏向于长中线的基本面分析，短线交易其实更多地侧重于投资者的行为分析。

但是在这个领域，其实也有很多奥秘和规律等待我们探寻，包括最近几年非常火的量化投资，也大量地用到了行为金融学以及市场短期预测的知识。这些跟泽熙投资当时使用的方法论有共通的地方。

各类投资者肯定都会在不同的层次选择适合自己的投资行为。每个人的约束条件是不一样的，有些资金很长，有些资金则短一些，有些资金对收益率要求很高，有些要求可能会低一些，这就决定了每一个投资人的风险偏好和约束都是不完全一样的。所以，很难说某一种方法就是所谓的"正规军"，或者能打败一切。在不同的时间维度和空间维度去评价，我们会得出不同的结论。

泽熙投资比较专注于短线和行为领域，对于公司的基本面，相对而言就不会作为一个权重特别大的因素考虑。但是，我认为这也是一套投资的逻辑。

后来我去了中泰，开始做资管。我一开始是做主观投资，后面几年也兼管量化部门。在从事资管的那些年，我收获了一些成绩，也在思考主观投资和量化投资两种投资方式更深层次的区别。

主观投资的特点在于它对于投资对象的深度研究，收益主要来源于基金经理的认知和研究的深度。量化投资更多的是用宽度和速度来弥补，量化投资的工具（如模型、数据、算法）要比主观投资的工具更有效率。这种标准化的作业模式可以利用计算机高速计算的能力，更加高效地研究更多的标的，从中总结一些规律性的特征。但是，它在处理深度信息上，跟主观投资还是有很大差距的。

从事资管工作多年，我深知资管的策略在不断进化和迭代，而量化会是未来10年的新兴赛道，发展速度会很迅猛。从个人发展角度来说，我希望在行业里找一个发展空间更大的赛道。艾方在量化领域做了很多年，我和蒋楷价值观比较相似，因此选择加入艾方。

25年投资进化："量化＋多策略"是最终解

在工作过程中，我接触了一些顶尖的投资人。比如，在量化领域，国泰君安资管公司的创始人张彪博士是国内做量化投资和套利交易的先行者，我在他身边学到了很多量化方面的知识。又如，我在泽熙投资工作了3年，见识了徐翔作为一个顶尖的短线交易高手，在短线交易领域的投资框架和方法。

后来，我逐渐转型做资产管理。资产管理较之前的工作，更为复杂，不仅是投资标的的选择，还要将自己的投资框架与客户的需求相匹配。有幸我又接触到了桥水的瑞·达利欧，看过他的作品后，我发现这也许是资产管理的一个方向。

可以说，整个投资生涯中，我在不同的阶段受到了很多人的影响，每个人都有自己独特的东西。我从里面吸取一些精华，融入自己的实践中。

所以，一路走来，我并不是只采用一种风格，在这个市场里面有幸接触到了非常丰富的投资风格。我做过长线，也做过短线和量化，不管是观察别人的实战业绩，还是自己做投资的经历，我认为它们都各有特点和优势。同时，这些不同的方法还有一个优点，就是相关性比较低，这就构成了我做多资产的基础条件。

市场在每一个阶段都有不同风格的投资策略胜出。如果我们把这些策略都放在一起，不就对整个市场有一个更好的适应性了吗？

多资产、多策略的首要任务就是尽量避免某一个风格对整体的影响，要让这个策略总体上对不同的环境有更强的适应能力。我们很难用某个单一的策略战胜所有的市场环境。一种比较可靠的方案就是在投资组合里，纳入不同风格、不同策略、不同表现的因子，组装在一起。我们也发现，用量化的方式去做多资产的组合，是一种效率更高的方式。所以，我最终选定了方向："量化+多资产"。

为什么我认为量化在未来会成为一个主要的发展方向呢？从过去几年的结果来看，量化投资和主观投资在不同的年份表现不一。但是有一个特点，量化内部的分化程度没有主观的那么大。换句话说，就是主观里面做得最好的和做得最差的之间的差距，每一年都会非常大，但是量化的差距就要小一些。从这一点来说，量化也许在未来业绩的稳定性上比主观要好。

由于量化更多是依赖于机器，依赖于算法和算力，它处理信息的效率要比人更高。举个例子,读一篇研报,可能一个资深研究员需要花几个小时的时间,但是如果我们用模型把这篇研报里面的核心信息提取出来,你就不需要了解整个研报的所有内容,只要了解这个研报里面的分析师给出的意见是正面的还是负面的这样一个简单的结论,而一个模型可以在几分钟内处理完几万篇报告。

第一,量化在做资产管理方面的边际成本是趋于下降的,管理10亿元和管理100亿元,成本并不会增加10倍。第二,随着资产管理的规模不断增加,这种边际下降的规模效应会导致整个量化在生产效率上的长期胜出。如果我们把资产管理行业也看成一个服务行业,那么经过长期不断的竞争后,生产效率更高的显然会取得更大的优势。这是量化能成为未来主流的两个原因。

在长期复利这件事上,防守可能比进攻更重要

在我过往的经历中,量化和主观都有一些覆盖,也深觉量化和主观在各自的投资效率上有独特的优势。但是在未来,多资产的配置也会成为一种很主流的资产管理方式。

其实FOF也是一种多资产的载体。FOF的优势是选择面更宽,因为FOF可以在全市场选择具有不同管理能力的人,即你的队员更加多样化。但是FOF有两个劣势:一是要在如此多样化的队员中选到合适的人组成一支"球队",挑选的成本很高;二是现在还没有一种很好的机制,能够让这些管理人像一支训练有素的队伍那样战斗。把这样的情况比作世界杯,你可以在全市场的管理人中找到好的门将、好的前锋、好的中锋、好的后卫,但是他们既不在一起训练,也不在一起

踢球，并不服从FOF管理人的指挥。FOF不是一个主教练的角色，只有挑选权，没有指挥权，最容易出现的一个问题就是各踢各的。

作为一个单一管理人管理的多资产产品来说，劣势在于我的队员是有限的，但它的优势在于这些队员是统一指挥、统一训练、统一踢球的。各个资产的策略会结合得更加紧密，比较便于进行统一风控，也更能提高资金的使用效率。

全天候策略也好，波动率均衡策略也好，多资产策略的核心是底层策略的多样性和低相关性。整个组合里面不应该只有一类资产，资产类别要更加丰富，同时各类资产之间的相关性要低，这是所有多资产策略的一个根本特征。如果做不到这一点，这就是一个伪多资产。有很多以全天候命名的产品，它里面的资产类别可能只有一两个，因此并不能真正叫作多资产策略。

构建多策略体系的必要条件是宽阔的视野和完整可靠的配置框架。投资组合理论是现代金融学中不断迭代进化的理论。从马科维茨开始，到最近大家开始用机器学习的方式做投资组合，出现了不同的流派。选择什么样的配置模型，不仅要结合客户的需求，还要考虑所使用的这些篮子的特性，这是两个基础条件。你既要有挑选篮子的能力，也要有把它们装在一起的能力。

对这些资产篮子之间的相关性的研究容易被大家忽略。因为投资组合最重要的一个前提假设就是资产篮子之间的相关性要低。但实际上如何衡量各资产之间的相关性？历史的相关性能否作为未来相关性的预测依据？什么时候会发生相关性的突变？这些都是在做组合管理的时候，最需要花工夫研究的。

事实上我们发现相关性就跟股票一样，存在很大的不确定性。它也会随着时间而变化，并不能通过历史数据进行测算。我们会发现有的时候相关性是高的，有的时候又变低了。相关性肯定是配置模型里面最重要的一个参数，如何确定这个参数是稳健可靠的？这是一个很复杂、很深奥的问题，我们也在不停地探索。

我们在做相关性估计的时候，不仅要看它的历史，还要在历史的背景下假定一些极端情形。历史的相关性有可能被低估，做组合最怕的是相关性突然上升，你的组合就会失效，在这一点上我觉得需要做更深入的研究。

艾方一直把追求绝对收益作为目标，在绝对收益的实现方式上也在不断迭代。比如，初期更多地使用套利类的策略，中间用了一些阿尔法类策略，最近这两年我们又把这种绝对收益的实现方式进一步扩展到了多资产配置和风险管理上。套利和阿尔法类的策略虽然能实现绝对收益，但是容量和稳定性会成为这两类策略的掣肘。任何一个单一的套利策略或者阿尔法类的策略，都有自己的规模瓶颈。资产配置和风险管理能够容纳的规模更大，它的有效性也会更强、更长。

艾方追求的是更低的风险度。做资产组合从大的方面来看有两种取向：一是追求更高的收益率，二是追求更低的风险度。我们选择后者，把风险度作为一个更重要的优先级事项，在此基础上再去寻找合适的收益率。

我们做投资的哲学是，在长期复利的过程中，防守可能比进攻更加重要。因为人性如此，在进攻顺利的时候往往会过于激进，容易导致比较重大的损失。用风险管理大师塔勒布的话来说，这叫波动率税,即你跌50%要涨100%。规避波动率税是艾方投资的第一要务,我们会尽量规避那些重大的损失。如果我们在这一点能够做得比较到位,相信长期下来我们的收益并不会低。因为复利效应在那里,它决定了你在熊市低点的时候,起点会比别人更高一些。

我们应对危机最重要的就是使用反脆弱的策略。反脆弱的策略也是受到塔勒布的启发,当然也经过了我们对中国市场的研究和本地化的改造。塔勒布提供了反脆弱的哲学思想,我们把这个思想融入实践。我们专门成立了一个危机研究小组,叫反脆弱部,可能在资管机构里面只有我们有反脆弱部。这个部门的职责就是研究危机和预防及应对危机。我们对危机案例的研究是比较深入的,研究了全球各式各样的案例,尤其是对中国证券市场曾经出现过的大大小小的危机,都进行了深入的归类、分析和推演。反脆弱策略就是要寻找在这些危机状态下有一定对冲功能的策略。在反脆弱策略里面,我们会同时使用商品、金融期货和期权,当然备选的工具箱还有其他工具,但目前我们使用的是性价比较高的期货和期权。

考察反脆弱策略是否有效,主要看两点。第一,是否确实有效地对冲了尾部风险,尤其是由一些"黑天鹅"事件带来的快速下行的风险。第二,是否把对冲的成本控制在一个合理的范围内。因为对冲都是有成本的,要想让组合创造长期贡献,核心就是要在这两者之间进行权衡。它比起传统市场中性的对冲来说,肯定更加灵活,长期的性价比会更高。

我们认为,阿尔法的衰减是宿命。最近量化圈比较火的词是"内卷",可能大部分管理人是在"卷"阿尔法。但是艾方一直不想卷入这场竞争中，并不是我们不在乎阿尔法，而是我们觉得阿尔法的衰减是宿命。量化能够获得非常高的阿尔法，在某种程度上证明了这个市场的无效性比较强，但是我们要相信这个市场一定是在往越来越有效的方向去演化。

量化发展的其中一个层面是寻找超额收益，但是量化还有另一个层面的应用场景，那就是可以去做多资产的投资组合，降低风险，提高整个组合的夏普比率。每一家管理人禀赋不一样，有些管理人会做得专而深，我们是做得宽而稳，通过分散寻求一个更加稳健的长期收益。

在这个"内卷"的过程中，一方面，我们也想要阿尔法，会积极参与竞争。另一方面，我们也坦然地做好了长期来看阿尔法衰减的心理准备。当阿尔法衰减到一定程度以后，量化投资人该如何生存？现在我们就在为这一天提前做准备。

在发展的过程中，如何处理好管理能力和管理规模之间的关系？这是一个很重要的问题。一家成功的管理机构会把管理规模跟自己的管理能力比较好地匹配起来。长期来看，大家都希望管理规模更大，但是短期实现的方式各有差异。我认为一个比较合理的方式是，制定一个远期目标，每个阶段对自己的管理能力进行合理的评估。比如，我们时不时就要评估一下每个策略的潜在容量。

"量化+多策略"的投资方式，我认为大有可为。

CHAPTER 7

第 7 章

私募到底应该怎么买

买私募的心理预期

投资预期要合理

预期,对人而言,是一个非常重要的东西。其实预期不只在投资这个事上很重要,在很多其他的事情上也很重要。比如,你预期会过一个放空自己的周末,感到非常开心,但周五下午快下班的时候被老板临时安排了任务,当遇到这种"实际情况和预期出现非常大的偏差"时,人往往感到非常难受。投资也是如此。当你预期一个资产能够每年稳定地给你带来50%的收益,但最终3年过去了,年化收益率只有10%。那该是一种怎样的心理落差呢?

为了尽可能地让投资之路更加愉悦,就要让实际情况在预期之内运转。这个时候,拥有一个合理的预期,就变得非常重要了。预期,一定要合理!

假如公司本周的任务很重,处于项目拓展的关键阶段,那么作为项目核心成员的你,产生一个周末100%可以休息的预期,本身就是有偏差的。投资也是如此。我们怀着一个年化收益率50%的想法,却买入了一个偏爱价值股且对仓位有严格限制的权益私募基金,那投资结果大概率会让自己失望。

那么,买私募,我们到底应该带着什么样的收益预期开始这段投资之旅呢？

各个策略的基准收益预期

收益来源于产品的底层资产，所以在了解每个策略的基准收益预期之前，首先要对底层资产有所了解。

主观多头策略

主观多头策略的底层资产是股票。因为股票本身的波动非常大，所以该策略的基准收益预期、波动的区间很大。但拉长时间来看，基本上收益预期在10%上下。这一点可通过以下两个数据来验证。

（1）我们采用我国代表核心资产的沪深300的收益率、代表成长风格的创业板指的收益率，进行时间和指数的等权计算，大概年化收益率在9%。

表7-1 沪深300与创业板指的5年、10年年化收益率

单位：%

类型	5年年化收益率	10年年化收益率
沪深300	4.35	6.50
创业板指	9.43	15.17

资料来源：朝阳永续。
注：时间区间为2017年7月1日至2022年6月30日。

（2）根据朝阳永续的数据，成立5年以上且管理人规模在10亿元以上的产品中，中位数收益率为10.11%，极其优秀的前5%的年化收益门槛为23.38%。

指数增强策略和中性策略

指数增强策略和中性策略的底层资产也是股票。指数增强策略的基准预期收益等于指数本身的收益加上净超额。不同时间段,指数本身的收益和净超额的波动比较大。量化中性则在此基础上,规避了指数波动,只有净超额。

拿中证500指数来说,指数本身近5年的年化收益率为1.11%,而近3年的年化收益率则高达9.52%;5年以上存续期产品的净超额中位数只有5%左右,而近3年的净超额中位数则高达15%。

由此可见,收益波动是比较大的。结合中国量化发展的实际情况,超额会随着赛道的拥挤而逐渐衰减,但在近1~2年,实现10%上下的净超额,还是一个较为合理的预期。

套利策略

套利策略的底层资产相对而言就比较多样化了。比如,有做可转债套利的,其底层资产就是转债,如悬铃、艾方等管理人;也有做ETF套利和期货套利的,如展弘等。

虽说底层资产不同,但从目前市面上看到的数据而言,基准收益率预期多数处于6%~8%的水平。想要将套利策略收益做得非常高,如年化收益率15%~20%,从逻辑上就讲不通。因为所谓"套利",本质是"一价定律"的暂时失效,市场无效性的暂时呈现。但"一价定律"本身终究会回归,市场也终究会变得有效,想指望套利策略长期较为稳定地贡献相对高的收益,这个想法本身就有问题。套利策略生存的核心逻辑是:维持一个相对合理的收益,同时利用回撤控制自身的优势，将夏普比率做高，从而获得比较明显的、差异化的竞争优势。

CTA 策略

CTA策略是以期货为底层资产的，通过买入和卖出期货之间的价差实现盈利。底层的买入品种、持仓周期等核心要素，都会对收益造成比较大的影响。我们选取了运转时间3年以上的CTA私募产品，从统计数据上看，基准收益预期的中位数大概是15%。如果将时间拉到5年以上的话，这个数据将下降至13%。

FOF 策略

FOF策略的底层资产只有一种，就是基金。但是基金的底层，就比较多样了，有各种各样的基金，如股票基金、债券基金、CTA基金等，也有在一个FOF产品里集齐多种策略的资产配置型FOF。因此，FOF策略的基准收益预期，需要具体问题具体分析，取决于FOF的类型，波动范围较大。如纯主观多头基金的预期收益率可能达到10%甚至更高，但资产配置型FOF，因为买了债券等稳健型资产，预期收益率可能只有5%上下。

全天候策略

全天候策略的底层资产比较多样，如前所述，在标准的全天候模型中，股票、债券、商品等都会进行配置。这个策略，在本书介绍的众多策略中，算是相对独特的一个了。它首先锚定了一个收益和风险，其次据此搭建交易模型。从公开数据来看，这个收益区间在8%到20%，也需要具体分析。

收益与风险相伴

收益与风险，是一枚硬币的两面，这是亘古不变的道理。从长期来看，我们无法摆脱风险而单纯获取收益。所以，当你看到潜在回报水平很高的投资机会时，一定要注意它可能存在的风险。在基准收益预期的基础上，任何收益水平的变动，本质都是潜在风险的变动。

主观多头策略

比如，A是一家老牌私募，长期年化收益和主观多头策略的基准收益预期是比较相近的。另一家管理人B进攻性更强，年化收益更高，但是它的回撤幅度也很大。假如从收益端来看，A的年化收益率是15%，最大回撤15%，B的年化收益率是80%，最大回撤是50%。而你的最大回撤忍受幅度是40%，那么很明显B不适合你。因为当产品回撤到40%的时候，你就会选择赎回，从而错过后边的上涨，最终可能还达不到A产品15%的收益水平。

这里可能有人会有疑问：当回撤40%的时候，我告诉自己再忍10%不就可以了吗？

如果问出了这样的问题，我们建议先理解两对概念："先验"和"后验"，"历史表现"和"未来表现"。

量化中性策略

当你看到一家量化管理人的超额收益非常高的时候，如年化收益率30%，你就要警惕这么高的超额，到底是模型本身的功劳，还是因为模型放开了风险敞口。所谓风险敞口，我们在有关量化的章节也已经讲过，包括行业暴露、个股暴露以及风格暴露等。通过暴露风险来获取更高的收益，这种操作的稳定性就会变差，波动就会变大。

有风险暴露的中性产品并非完全不能买，而是说投资者要对其风险有提前的预期。否则，假如买入之后就出现了较大幅度的、不符合预期的回撤，那将是一笔非常失败的私募投资。

CTA策略

最后拿CTA策略论述一下潜在风险和潜在收益的关系。通常而言，一个稳健的CTA策略，在持仓品种上是比较分散的；在持仓策略上，也会融合基本面策略、套利策略、趋势策略等多种策略。但当它把持仓品种集中，把策略的权重也进行调整之后，组合可能会呈现比较强的进攻性，但潜在回撤区间实际上也拉大了。这一点，对于私募投资人而言，必须有所预期。

如何建设合理的心理预期？

首先，在真正开始投资私募之前，要尽力避免不切实际的过高预期。如果能忍受对应的波动、回撤乃至实际亏损，自然是可以的；如果不能的话，则还是谨慎起步为宜。人们通常会对美好生活有着强烈的向往，进而对市场产生不切实际的预期，无数事实证明，这会带来非常差的投资体验。

其次，在建立合理预期的道路上，要对资产的历史数据有客观和全面的认识。所谓客观和全面，就是要分析数据背后各个内因和外因的条件。比如某家管理人，实现了3年3倍的优异业绩，那我们就要分析在这个收益率的驱动因素中,哪些到现在都依然是不变的,依然可以支撑这样的优异业绩;而哪些已经变化了,比如,市场条件是否已经不如之前,当下规模变大了是否会对业绩产生冲击等。投资者只有对资产有客观、全面的了解和认识,才能对资产未来的表现建立合理预期。

最后,在建设预期的时候,需要警惕"躺平"行为。很多人在看到"风险和收益"是一枚硬币的两面时,就自暴自弃,随意挑选策略和产品了。从统计学规律上来看,虽然这个世界最终的分布总是呈现正态分布,但是努力研究和学习得到的结果,大概率还是比直接放弃要好。这种统计学的规律,可能和《论语》中的"取乎其上,得乎其中;取乎其中,得乎其下;取乎其下,则无所得矣"是一个道理。在建设收益预期中,既要拒绝不切实际的高收益预期,也要拒绝不思进取的"躺平"行为。要争取做到稳中求进,复利前行!

定制你的私募投资方案

过去20年,居民财富随房市而起;未来20年,财富或将随基金而增。

但是,面对浩瀚的私募江湖、繁多的私募基金,投资人还是不免感到困惑:到底该怎么着手去买私募基金呢?一个合理的私募投资方案又该如何制定呢?我们为所有投资人提供了三种私募基金的投资方案作为参考。

普适型私募投资方案:配置全天候

如果有一种投资方案能够告诉投资人,在跨越不同经济周期的时间尺度里,方案的预期收益是多少、潜在回撤是多少,且能够在比较高的概率上实现这个收益回撤目标,对投资人来说,只需要确认这个收益预期和潜在回撤在可接受范围内就可以随时买入,那么这样的投资方案,是不是一个较为理想的普适型投资方案呢?答案应该是肯定的——能够较好地适应不同的经济环境和大部分投资群体。

普适型投资方案的难点

要搭建并实践上述这样一个方案,核心困难来自经济的周期性和资产价格的波动,及在此基础上投资人符合人性本身的投资习惯。

经济的周期性波动，本身并不难理解。经济是存在周期的，有些时候"高增长、低通胀"，有些时候则是"低增长、低通胀"。更关键的是，经济周期本身会对资产价格产生确定性影响：在不同的周期环境下，同一资产的表现往往是大不相同的。这方面的内容在CTA策略章节已经讨论过（见图4-3），此处不再赘述。除了现金之外，没有一个资产可以平稳地穿越所有经济周期。

而在同一经济周期内，资产价格本身也在波动。这种波动可能和经济周期内部某些因素相关，也可能和大众情绪相关，甚至有时候伴随着一些突发事件的影响。这种波动幅度也是非常大的，甚至比跨周期波动的幅度还要大。最近的案例就是2022年2—3月欧洲的地缘政治冲突对全球资产价格的冲击，其对我国股票资产的冲击也很大。

此外，投资人的两个习惯，也是普适性方案的障碍。

与宏观经济周期相关的投资习惯，是宏观择时。宏观择时，即便对于老手来说，也是非常难的。投资研究圈内，都将宏观研究视作研究领域的最高级别，难度可见一斑。宏观择时需要基于宏观数据及其内在逻辑来搭建交易系统。单纯的宏观数据的获取、回测，就已经是一个浩大的工程，更别说在此基础上迭代和决策了。举个例子，2020年春季，突发的新冠肺炎疫情造成了全球范围内的极度恐慌，这种数十年一遇的冲击事件无法纳入宏观研究体系。此后的2年，伴随着疫情在全球肆虐，催生了一轮大级别的货币宽松，极大地推高了全球的资产价格，多类资产竟然呈现出"牛市"状态。在这样大级别的变动下进行择时，一旦走错一步，就会持续2~3年的时间，成本极高。

与资产价格波动相关的操作习惯，是"追涨杀跌"。这个就更容易理解了。在前文我们已经提到了，追涨杀跌，尤其是杀跌，是造成事实上亏损的主要原因。杀跌的本质，其实就是没有预料到价格波动的幅度已经超出自己的承受范围了，被迫仓皇割肉离场，损失惨重。

资产配置的最佳实践："全天候"

那么，投资人想要避免宏观择时和追涨杀跌，到底该怎么办呢？答案就是资产配置。而"全天候"，作为资产配置的最佳实践，是具有普适性的最佳资产配置方案。

所谓资产配置，按照前文援引的著名经济学家巴曙松对其的定义，就是以投资者的风险偏好为基础，通过定义并选择各种资产类别、评估资产类别的历史和未来表现，来调整各类资产在投资组合中的比重，以提高投资组合的收益风险比。资产配置，核心就是要解决投资人持有资产过程中的择时和波动问题，并在此基础上，获取一个较为合理的收益。

资产配置就是在组合中买入多种资产，常见的资产类别除了股票，还可以买入债券、商品等，除了买入中国的资产，还可以买入其他地区的资产。这样做带来的结果就是，当一些资产表现不佳的时候，通常会有另一些资产表现比较好，互相对冲，从而降低了整个组合的波动，进而在一个长区间里，实现这个组合内所有资产所对应的合理收益。

为什么说全天候策略是资产配置的最佳实践呢？我们看一下其他资产配置方案的弊端。

资产配置模型的1.0——固定比例模型。最常见的就是"股四债六"组合，通过加入大比例的债券仓位来平抑波动。但即便股票仓位只有40%，整个组合的波动仍然是比较大的。

资产配置模型的2.0——均值方差模型。将不同资产的收益率和协方差，作为预期收益率和预期风险的估计值，较之前固定比例模型有了比较大的进步，但这个模型更注重投资组合中各大类资产的配比，而不关心风险资产对整个组合风险贡献的差异，从而不能对风险来源和风险结构进行很好的跟踪监控。

但全天候策略，作为资产配置3.0模型的代表，实现了资产配置理论和实践的重大突破。该策略基于风险平价思想进行资产配置，关注不同经济周期下组合内资产的风险暴露程度，将各类资产的风险暴露锚定在一个特定的水平。通过这种风险的配比而不是资产配比的方式构建组合，会让持有人承担的组合风险与预期的一致性更高，也因此持有体验更好。

经过20多年的实践检验，全天候策略的运行结果是令人满意的。我们在前文已经讲过：全天候策略自1996年成立以来，截止到2022年，策略的年化收益率达11.4%，优于美国股票市场的7.0%，也好于传统股债平衡组合的6.3%。并且，桥水旗下全天候策略的管理规模用20多年的时间从2亿美元膨胀到了607亿美元，可见该策略受到了广泛的认可。

值得一提的是，这个策略不仅在国外有效，在中国也是有效的。图7-1是某全天候策略在中国市场的业绩和回撤。出于合规要求，我们隐去了具体数值，但大致可以看出，策略整体的表现可圈可点。其背后的原因是：中国资产的内在增速和波动率还是比较高的，而且在未来可预见的周期内，仍然会有一定的优势。

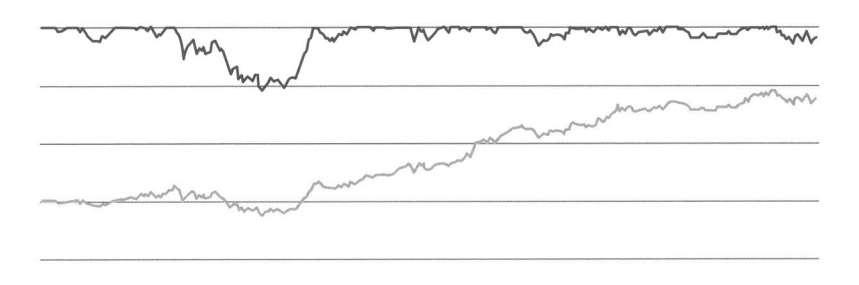

图7-1　某全天候策略在中国市场的业绩和回撤

资料来源：根据公开信息整理。
注：深色线条代表业绩曲线，浅色线条代表回撤曲线。

以上便是全天候策略为何是资产配置最佳实践的原因，也就是本节提到的较为理想的普适型投资方案。它关注风险、科学配置，使得这个策略能忽略时间、忽略价格，只需要锚定可接受的波动率，即可买入。并且，这个波动率在一定的合理区间，如6%~20%，是可以任意调整的。也因此，给投资人提供的产品线相对是比较全的，可供选择的空间会比较大。

国内做全天候策略的管理人，基本上集中在私募基金行业，代表性管理人有雪球资管、幻方、艾方、卓识、白鹭、申毅等，不过从管理人业务布局重点和策略纯正度来看,雪球资管和艾方是最有代表性的管理人。

我们重点看一下雪球资管的全天候产品。雪球资管的全天候产品命名为"长雪",即长雪全天候。产品按照纯正的全天候思路进行组合构建,底层会在股票、债券、商品等大类资产上做风险平价,所锚定的目标波动率水平是12%~16%。

同时,长雪全天候产品还有两个非常重要的特点。其一,在风险平价的组合上,根据宏观基本面研究,对资产进行动态风险预算。其二,长雪全天候加入了主动获取超额收益的策略,会通过优选个股、债券或商品进行超额收益补充。运行的实盘业绩和同策略回测数据,都较为优异。

根据"长期净值、业绩归因和人格认知"的私募挑选十二字真经,雪球资管全天候策略的原理、特色和业绩都已经明确了,那人格认知部分——这个团队到底怎么样?

我们先从履历上看。雪球资管是雪球的全资私募基金公司,核心投研团队均来自头部公募基金和证券公司的投资部门,历史的合计管理规模超千亿元。团队尤其擅长宏观研究和资产配置,投研经验丰富。并且,雪球资管成立之初,就锚定了全天候策略,从策略纯度上来看,是国内少数纯粹做全天候策略的机构之一。

在全天候策略框架的基础上,我们前文所述的超额收益部分,雪球资管的全天候团队也能基于自己的投资经验,通过主观基本面研究和适当择时进行获取。比如2022年4月,团队超配了极端行情下的股票市场，为组合贡献了可观收益。

至此，这一普适型私募投资方案就已经介绍完毕了。在此基础上，如果有心力、有学习能力、有波动承受力，那么可以开启进阶版私募投资方案。

进阶版私募投资方案

匹配适合你的策略

进阶版的私募投资方案，相较于普适型，区别就在于所适应的群体，从所有有明确风险偏好的投资人，缩小到了有一定策略偏好的群体；从全天候基金，拓展到各种策略的私募基金。

如果你看好天赋极高的"股神们"，信任他们的炒股能力，认为久经沙场的他们能够通过自己的主观分析来获得收益，那你就买股多策略；如果你更加相信机器学习的能力，相信数理精英们能够通过量化的方法在这个市场做出超额，那你可以选择量化策略；如果你看好大宗商品的行情，也认为管理期货策略可以通过平抑期货波动来为你赚钱，那么CTA策略适合你；如果你非常明确自己的风险偏好，不能承受很大的风险和波动，那么可以选择偏稳健型的中性策略和套利策略。

到了选择投资策略的阶段，投资人就需要对所认定的策略进行系统的学习和研究，掌握该策略本身的原理、规律、内部分类、收益预期等众多方面。这些在前面章节都有详细的阐述。

细化你的策略操作

在具体的操作层面，最简单的，可以通过按照某些关键指标筛选后，一揽子买入某策略内的头部管理人的方法实现。比如，我可以买入某个策略内，过去2年业绩居于前20%的管理人，同时过去3年的收益波动率也排在前20%的管理人；也可以通过FOF来实现，如果你认准了CTA策略，那么深耕CTA策略的FOF管理人，如博孚利，就是一个比较好的选择。另外，通常构建一个各大类资产之间具有低相关性的投资组合时，整个组合的稳健性会更好。

表7-2展示了一些典型策略彼此之间的相关性。我们可以明显地看出：相关性最低的两个策略是CTA策略和市场中性策略；而和主观多头策略相关性最低的是CTA策略。这一点，在2022年上半年表现得尤其明显。在2022年1—4月，整个股票市场哀鸿一片，但是CTA策略却逆势上涨。假如一个投资人的组合中，既有股票策略，又有CTA策略，那整个组合的回撤将会大幅下降，低波动也会进一步降低投资人"杀跌"的可能性。所以，可以适当增加组合多样性的低相关策略。

表7-2 典型策略的相关性

	股票策略精选指数	债券基金精选指数	市场中性精选指数	CTA趋势精选指数	套利策略精选指数	宏观策略精选指数
股票策略精选指数	1.0000					
债券基金精选指数	0.6413	1.0000				
市场中性精选指数	0.5091	0.4095	1.0000			
CTA趋势精选指数	0.4129	0.2729	0.2196	1.0000		
套利策略精选指数	0.5464	0.3782	0.5018	0.3810	1.0000	
宏观策略精选指数	0.5969	0.5248	0.3845	0.4238	0.4618	1.0000

资料来源：朝阳永续。

个性化私募投资方案

了解管理人信息

到了这一阶段,投资人已经步入私募投资的深耕细作阶段了。相应地,对投资人的要求也有了非常明显的提高。投资人需要非常详细地了解每个管理人的信息,包括股权架构、历史沿革、规模增长、策略演变等。几乎每个信息都需要花时间去研究、跟踪,进而相对精准地定位这家管理人的特色属性。但在现实中,对私募管理人的考察往往是比较困难的,所以这个阶段的投资人会比较依赖投资顾问提供的管理人信息。

拥有选好单品、搭配组合的能力

除此之外,当涉及多个单品选择的时候,投资人还需要具备多种策略的理解和比较能力,甚至需要构建组合的能力。

比如,你组合内已经有了一只主观多头私募正圆,而你恰好有增加主观多头策略的需求,那么这个时候,是选择同样进攻性强的复胜,还是选择低换手、长区间制胜的大禾呢?这个需要综合研究复胜和大禾的差异,以及它们各自与正圆的相关性。

又如,你组合内已经有了一只量化CTA的产品洛书(中长周期),而你又有增加CTA仓位的需要,那么此时,是要加入一个中短周期的CTA,如白鹭,还是加入主观CTA,如明睿资本呢?这既需要分别研究白鹭和明睿的策略特点,又需要考虑其与洛书搭配的组合效果。

单品的选择与投资，需要相当长时间的观察、积累和思考。它相对于全天候方案，具备获得更高潜在收益的可能性，但对投资人的信息获取、专业能力和风险承受能力等要求更高。对于初入私募江湖的投资人，不要着急，可以从全天候策略起步，稳健前行。

书中收录的文章仅供交流参考使用，并非投资建议。相关机构或个人署名文章所载观点仅为该机构或个人的观点，不代表雪球立场。文章引用的信息或数据，有可能因发布日之后的情势或其他因素的变更而不再准确或失效。对任何因直接或间接使用本书涉及的信息和内容或者据此进行投资造成的一切后果或损失，由您自行承担，雪球及关联方不承担任何法律责任。

投资有风险，决策需谨慎。